Bernd Weinkauf
Günter Schneider (Fotos)

Highlights in Leipzig

Der praktische Begleiter für
Entdeckungstouren durch die Stadt

Jaron Verlag

Abbildungen
Vordere Umschlagseite: Augustusplatz mit Universität, im Hintergrund City-Hochhaus
Vordere Umschlagseite innen: Deutsche Nationalbibliothek Leipzig
S. 2/3: Universitätskirche St. Pauli
S. 6: Glashalle der Leipziger Messe
S. 126/127: Street Art in der ehemaligen Spinnerei
Hintere Umschlagseite (von links oben nach rechts unten): Störmthaler See, Messe, Gewandhaus, Altes Rathaus, Völkerschlachtdenkmal, Neues Augusteum der Universität

Aktualisierte Neuausgabe
1. Auflage dieser Ausgabe 2019

www.jaron-verlag.de
Karte: Matthias Frach, Berlin
Umschlaggestaltung: Bauer+Möhring, Berlin, unter Verwendung von Fotos von Günter Schneider
Satz und Layout: Prill Partners | producing, Barcelona
Lithografie: Bild1Druck GmbH, Berlin
Druck und Bindung: Westermann Druck Zwickau GmbH, Zwickau

ISBN 978-3-89773-929-1
ISBN 978-3-89773-930-7 (5 Exemplare)

Leipzigs Highlights von Auerbachs Keller bis zum Zoo

Mit einer Fläche von knapp dreihundert Quadratkilometern und gut einer halben Million Einwohnern nimmt Leipzig unter den deutschen Großstädten Platz zwölf ein. Doch was der Stadt an räumlicher Dimension fehlt, gleicht sie mit konzentrierter Urbanität doppelt aus. Das historische Zentrum mit seiner Fläche von circa sechshundert Metern im Quadrat kann man geradezu umarmen.

Wenn Leipzig auch keinen das Stadtbild prägenden Fluss oder eine erhabene Bergkulisse zu bieten hat, so besticht es doch durch die Mischung aus Natur und in Jahrhunderten gewachsener Urbanität. Als Messestadt, in der stetig Novitäten präsentiert wurden, erlebte sie auch einen immerwährenden Erneuerungsprozess. Bürgerlicher Erwerbssinn und Aufgeschlossenheit für Neues und Fremdes haben eine Stadtkultur ausgeprägt, wie man sie ähnlich nur in den alten Hansestädten findet. Die Landesfürsten haben stets von Leipzig profitiert, doch sesshaft wurden sie hier nie. Neben einem slawischen Dorf wuchs ab dem 10. Jahrhundert eine befestigte Siedlung vornehmlich für fränkische und flämische Siedler. Die günstige Lage im Kreuzungsbereich zweier Altstraßen, gewissermaßen Karawanenwegen, die Skandinavien mit Italien und den reichen Westen mit dem tiefen Osten verbanden, brachte einen Handelsplatz im Herzen Europas hervor, der jahrhundertelang ohne ernsthafte Konkurrenz blieb. 1779 zog Christian August Clodius, Professor der Philosophie und Dichtkunst an der Leipziger Universität, denn auch den Schluss: „Leipzig, die Stadt, wo so viele wirksame Fremdlinge mit dem Stabe in der Hand hereinkamen und durch Talent, Fleiß und Segen Gottes, Tonnen Goldes erwarben."

Weniger glanzvoll hingegen stellt sich Leipzigs jüngere Vergangenheit dar. In den letzten Jahren der DDR war das Leben in der Stadt besonders

bedrückend geworden. Der sich rasant beschleunigende Verfall der einst so wunderbaren historischen Bauten stand jedermann vor Augen und konnte nicht durch Zeitungspropaganda und etwas Fassadenkosmetik vor den Messen geleugnet werden. Die karbochemische Industrie in unmittelbarer Stadtnähe überschüttete alles mit Staub und Gift, worunter die Einwohner ebenso litten wie die Natur und die Häuser. Ein verzweifelt bitterer Ausspruch jener Tage lautete: „Ruinen schaffen ohne Waffen." Der in den späten 1980er-Jahren schon unüberhörbar gewordene Unmut und Protest nahm den Titel einer mutigen Reportage sofort auf: „Ist Leipzig noch zu retten?"

Mit dem 9. Oktober 1989 begann Leipzigs Rettung. Die bis dahin mächtigste der Montagsdemonstrationen, die stets in der Nikolaikirche ihren Ausgangspunkt hatten, nahm einen friedlichen Verlauf, was der Forderung nach Veränderungen im Lande einen starken Impuls gab. Nur ein Jahr später gab es ein geeintes Deutschland, und Leipzig blühte auf.

Trotz aller schmerzlichen Einschnitte wie des weitgehenden Zusammenbruchs der regionalen Industrie, trotz spontaner massenhafter Abwanderung wurde Leipzig schon bald „boomtown" genannt. Baukräne bestimmten in den nächsten Jahren das Stadtbild. Das allermeiste Alte wurde gerettet, Neues kam hinzu, wobei nicht alles davon gut gelungen scheint. Sei's drum – für die Halbmillionenstadt hat eine neue Ära begonnen. Die Leipziger Messe, Grundstein der Leipziger Geschichte, wartet mit einem supermodernen Ausstellungsareal auf, die Universität zieht etwas mehr als dreißigtausend Studenten an, und man ist gespannt darauf, ob der neu gebaute City-Tunnel den erhofften Schub für die wirtschaftliche Entwicklung bringen wird. In der Kultur der Stadt ist dieser Aufschwung schon täglich zu erleben, ob „Hochkultur" mit Gewandhaus und Bachfesten oder Kneipen- und Kabarettszene – wer sich in Leipzig langweilt, ist selber schuld. Darum ist es gar nicht so einfach, für diese Stadt Highlights zu benennen – Leipzig im Ganzen ist ein Highlight.

Auerbachs Keller

„Wer Leipzig besuchte, die berühmte Stadt, und dort die Messe bewundert hat, jedoch versäumte, auf Auerbachs Hof zu gehen, der schweige still, denn der hat Leipzig nicht gesehen."

Als der Poetikprofessor Friedrich Taubmann diese Verse um 1610 dichtete, existierte der Messehof für Luxuswaren bereits seit achtzig Jahren. In seinem berühmten Keller ließ der Medizinprofessor Heinrich Stromer von Auerbach (1476–1542) seit 1525 Wein an seine Studenten ausschenken. Zu den Gästen hat wohl auch einmal sein Zeitgenosse Johann Faust gehört, der im nahen Wittenberg lehrte. Sein sagenumwobener Fassritt von 1525 wurde später in einem Buch bekannt gemacht. Goethe hatte es schon in Frankfurt gelesen und lernte im Frühjahr 1766 den Schauplatz selbst kennen – das Ergebnis ist bekannt: Die Szene „Auerbachs Keller in Leipzig" ist die früheste für seinen „Faust" geschriebene. Dank Goethes Werk ist das Restaurant weltweit bekannt.

Mit dem Bau der → **Mädler-Passage** 1912/13 wurde Auerbachs Keller um den Großen Keller erweitert, und mit den beiden Plastiken von Mathieu Molitor, die den Eingang schmücken, erhielt die Stadt eines ihrer Wahrzeichen.

Grimmaische Straße 2–4
Tel. 216100
www.auerbachs-keller-leipzig.de

▷ S1, S2, S3, S4, S5, S6 (Markt)

Der Große Keller ist im Stil von 1913 gestaltet

Gemälde von Volker Pohlenz (2000) zu Goethes „Faust" im Gastraum

Mit der Mephisto-Bar hat Auerbachs Keller einen oberirdischen Ableger

Der historische Fasskeller wurde 1530 erbaut und später ausgemalt

Augustusplatz

Bis zum Ende des 18. Jahrhunderts breitete sich vor der Stadtmauer am Grimmaischen Tor eine große Freifläche aus, eine Art Park und Abstellplatz vor allem für Handelsleute, die zu den Messen anreisten. Dann aber setzte ein Wachstum ein, das die beengenden Mauern sprengte. 1836 wurde der Neubau der → **Universität** eröffnet, es war das erste Gebäude, dessen „Gesicht" von der Stadt hinaus auf den Gestalt annehmenden Platz blickte. Dieser erhielt 1839, in Erinnerung an den ersten sächsischen König Friedrich August I., den Namen Augustusplatz. Im Lauf der Jahre wurde er weiter ausgebaut und dadurch deutlich aufgewertet: Zur Universität und ihrer noch vom Dominikanerkloster stammenden gotischen Kirche gesellten sich das Neue Postgebäude, das Bildermuseum, das Neue Theater, das Café Felsche, der **Mendebrunnen** und später das → **Kroch-Hochhaus**, sodass man ihn den „schönsten Platz Europas" nannte. Diese Epoche hat der Zweite Weltkrieg beendet.

Die Neugestaltung des Platzes, der nun Karl-Marx-Platz hieß, begann 1960 mit der → **Oper**. Es folgten die Hauptpost (inzwischen „Eventlocation" und Studentenwohnheim), das Hotel Deutschland (heute Hotel Radisson), die Karl-Marx-Universität (jetzt wieder Alma Mater Lipsiensis) mit dem 142,5 Meter hohen Sektionshaus (jetzt **City-Hochhaus**, dank neuer Antenne 155 Meter hoch) und 1981 das → **Gewandhaus**. 1998 wurde der Platz mit einem Parkhaus „unterkellert", seine oberirdischen Luftschachtverkleidungen werden

Zentrum

▷ Tram alle Linien (Augustusplatz)

Eindrucksvolle Platzsilhouette: Gewandhaus, City-Hochhaus und Universität

Glocke zur Erinnerung an die Montagsdemonstrationen von 1989

Wasserspeiende Fabelwesen bevölkern den Brunnen

Nach römischem Vorbild ist der Mendebrunnen von 1886 gestaltet

ironisch „Milchtöpfe“ genannt und oft für Toiletten gehalten. Der Platz war 1989 Versammlungsort der friedlichen Demonstranten gegen das DDR-Regime. An dieses historische Ereignis erinnert die eiförmige **Freiheitsglocke** (auch Demokratieglocke genannt), die zu ganz unbestimmten Zeiten schlägt und so immer wieder unerwartet Aufmerksamkeit erregt. Seit 1990 heißt der Platz wieder Augustusplatz. Zum sechshundertsten Geburtstag der Universität im Jahre 2009 sollten die Gebäude an diesem Platz modernisiert werden. Es hat dann aber doch bis 2017 gedauert, bis die heutige Silhouette des Platzes vollendet war.

1968 gesprengt, 2017 in neuer Form wieder geweiht: Paulinerkirche

Augustusplatz mit Kroch-Hochhaus und Opernhaus

Vom City-Hochhaus hat man einen guten Überblick über den gesamten Platz

Der Augustusplatz bietet Raum für viele Besucher

Bach-Museum

Die alte Thomasschule, in der Johann Sebastian Bach von 1723 bis zu seinem Tode 1750 mit seiner Familie wohnte, Schüler unterrichtete und den größten Teil seiner zukunftsweisenden Musik komponierte, wurde 1902 abgerissen. Ein Platz für das Museum fand sich erst 1985 im gegenüberliegenden Kaufmannshof der Familie Bose, die den Bachs nahestand. In dem weitläufigen Hause fand auch das schon 1950 gegründete **Bach-Archiv** seine Heimstatt. Bach-Liebhaber und Wissenschaftler aus aller Welt besuchten seither diesen Ort.
Das nun erweiterte und neu gestaltete Museum wurde zu Bachs 325. Geburtstag, am 21. März 2010, festlich eröffnet. Dass sich nur wenige originale Exponate aus dem Haushalt Bachs erhalten haben, beeinträchtigt nicht Wert und Bedeutung der Ausstellung. Handschriften und Musikinstrumente, ergänzt durch Dokumente, die die Lebenszeit Bachs informativ erhellen, vermitteln einen ebenso sachbezogenen wie emotionalen Zugang zu seinem Werk. Höhepunkte der Bach-Verehrung sind die im Sommer stattfindenden Bachfeste.

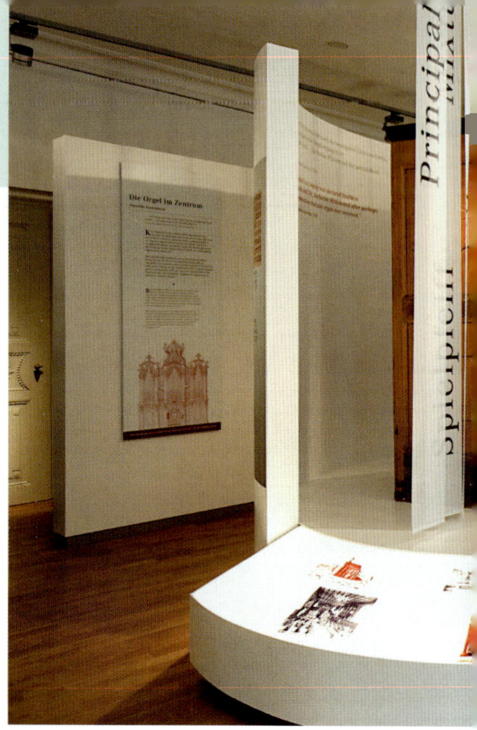

Bachs Orgelspieltisch von 1743 aus der Johanniskirche

Im Haus von Bachs Nachbarn, der Kaufmannsfamilie Bose, sitzt das Museum

Thomaskirchhof 15/16
Di–So 10–18 Uhr
Tel. 913 72 02
www.bachmuseumleipzig.de

▷ Tram 9 oder Bus 89 (Thomaskirche)

Im historischen Sommersaal wird wieder musiziert

Originalnoten werden gut geschützt in der Schatzkammer aufbewahrt

Barthels Hof

Das weitläufige Haus zwischen → **Marktplatz** und Großer Fleischergasse ist ein ebenso wertwie würdevolles Denkmal der Handels- und Messegeschichte. 1523 vom Vertreter des Augsburger Bankhauses Wels als „Haus zur goldenen Schlange" erbaut, ist es bis in unsere Zeit als letzter Durchgangshof erhalten geblieben. Von dieser Art gab es einst etliche in Leipzig. Sie hatten den großen Vorteil, dass die schwerfälligen Kaufmannswagen in den oft engen Höfen nicht wenden oder gar von Hand herumgehoben werden mussten.
Der Kaufmann Gottlieb Barthel, nach dem es heute noch benannt ist, ließ das Haus 1747–50 im Barockstil umbauen. 1871/72 wurde die Fassade neu gestaltet. Dabei fand der eindrucksvolle Renaissance-Erker, der ursprünglich die Marktseite des Gebäudes schmückte, seinen Platz im Innenhof.
Dort, wo einst Ballen, Kisten und Fässer abgeladen wurden, finden heute Gäste eines Restaurants einen vergleichsweise ruhigen Platz inmitten des Stadttrubels. Die Kranbalken, die aus den Dachluken über den Hof ragen, erinnern noch an die Zeit des Handelshofs.

Das alte Hauszeichen mit der goldenen Schlange an der Erkerkonsole

Hainstraße 1
www.barthels-hof.de

▷ S1, S2, S3, S4, S5, S6 (Markt)

Barthels und Webers Hof bilden eine kleine Stadt in der großen

Das neobarocke Portal an der Marktseite führt in den Hof

Der prachtvolle Erker von 1523 schmückte ursprünglich die Fassade zum Markt

Bayerischer Bahnhof

Dieses an einen römischen Triumphbogen erinnernde Bauwerk wurde 1843 als Zeichen für den Sieg des Menschen über die Langsamkeit errichtet. Als Leipzigs dritter Bahnhof ist er als Ausgangs- und Endpunkt der Strecke Leipzig–Nürnberg von der Sächsisch-Baierschen Eisenbahn-Compagnie erbaut worden. Die Privatgesellschaft hatte am 1. Juli 1841 den ersten Spatenstich zum Bau des Gleiskörpers der neuen Strecke in die grüne Wiese gesetzt. Am 15. Juli 1851 war die Verbindung über Altenburg, Plauen und Hof fertiggestellt. Es dauerte noch gut fünfzig Jahre, bis der Bahnhof eine Gastwirtschaft erhielt. Heute bestimmt diese mit ihrer Hausbrauerei das Profil des Bahnhofs, von dem am 10. Juni 2001 der letzte fahrplanmäßige Zug abgefahren ist. In den 1980er-Jahren war das technische Denkmal dem Einsturz nahe. Münchner Freunde des Bayerischen Bahnhofs haben es uneigennützig gerettet. Um Baufreiheit für einen Eisenbahntunnel zu schaffen, musste der 2800 Tonnen schwere Portikus im April 2006 um dreißig Meter verschoben werden. Seit Oktober 2009 steht er wieder stabil am alten Fleck.

Bayrischer Platz 1
Tel. 124 57 60
www.bayerischer-bahnhof.de

▷ S1, S2, Tram 2, 9, 16 (Bayrischer Bahnhof)

Durch den Triumphbogen fährt kein Zug mehr

Wo einst abgefertigt wurde, wird heute serviert

Historischer Eisenbahnwaggon in der Kneipe

Die Hausbrauerei produziert Weizen- und Schwarzbier und auch die sächsische Gose

Belantis Vergnügungspark

Mit dem Huracan geht's temporeich um die Kurven

Das sagenhafte Atlantis ist untergegangen, aber das ebenso sagenhafte Belantis ist aufgetaucht. Seit 2003 befindet sich nahe Leipzig dieses Highlight an einer Stelle, die zuvor überhaupt nicht einladend war: Hier befand sich ein Braunkohlentagebau.
Sieben Themenbereiche laden zu einer Reise durch ferne Kontinente und deren aufregende Geschichte ein. Schon von Weitem zu sehen ist die Pyramide im Tal der Pharaonen, durch das die Wildwasserbahn rast. Nervenkitzel garantiert auch die neueste Attraktion des Freizeitparks – die Super-Achterbahn „Huracan", die bis zu 85 Stundenkilometer schnell fährt. Ebenfalls aufregend geht es zu in den Wigwams der Apachen, im Irrgarten der Artus-Ritter oder auf dem Historischen Jahrmarkt mit seinen Karussells, wie sie zu Omas und Opas Kinderzeit schon nicht mehr modern waren. Im Land der Grafen können Abenteuerlustige Silbernuggets selbst aus dem Bach waschen. Die Angebote sind so vielfältig, dass Besucher aller Altersgruppen hier bestens unterhalten werden.

Von der Pyramidenspitze saust man hinab ins spritzende Nass

Zwenkau
Zur Weißen Mark 1

▷ S3, S5, S6 oder Bus 65, 70 (S-Bahnhof Markkleeberg) und weiter mit Bus 105 (Freizeitpark Belantis)

Im quirlig-bunten Mittelalter trifft man Marktfrauen und Gaukler

Still gleiten die Gondeln über den See am „Strand der Götter"

Botanischer Garten

Der zur → **Universität** gehörende Botanische Garten ist einer der ältesten in Deutschland, allerdings ist er im Laufe seiner Geschichte mehrfach umgezogen. Bereits das alte Dominikanerkloster, das 1542 der Universität übereignet wurde, bewirtschaftete einen „hortus medicus". Der Garten am jetzigen Ort wurde ab 1878 angelegt, nachdem der vorige Standort zum Bau des → **Reichsgerichtsgebäudes** benötigt wurde. In dem großen Freigelände als auch in den Glashäusern werden Pflanzen aus allen Vegetationszonen der Erde und exotische Schmetterlinge gehalten.
Seit 2001 wurde der Garten um einen nach historischem Vorbild angelegten Apothekergarten bereichert. Zu den hier angebauten Arznei-, Heil- und Giftpflanzen werden jeweils Anwendungs- oder Warnhinweise gegeben. 2007 wurde im Umfeld ein Duft- und Tastgarten angelegt, der es speziell sehbehinderten Besuchern ermöglicht, Pflanzen in ihrer unterschiedlichen Schönheit zu „erduften" und zu erfühlen. Leipzigs Ruf als Gartenstadt zur Zeit des Barock ist längst verhallt, aber das Spazieren durch die Abteilungen des Botanischen Gartens ist immer wieder lehrreich und erholsam zugleich.

Irgendetwas blüht immer im wissenschaftlich gepflegten Garten

Exotische Pflanzen gedeihen im Schutz der Häuser

Linnéstraße 1
Öffnungszeiten je nach Jahreszeit
www.uni-leipzig.de/bota

▷ Tram 12, 15 (Ostplatz) oder Tram 2, 16 (Johannisallee)

Den Goldkugelkaktus nennt der Volksmund „Schwiegermutterstuhl"

Wo es Blüten gibt, naschen auch die Schmetterlinge

Clara-Zetkin-Park

Leipzig ist grüner als sein Ruf – diesen Satz hört man von überraschten Besuchern häufig. Die Stadt liegt gewissermaßen eingebettet in den Auwald der Flüsse Elster und Pleiße. Wenngleich in den Zeitläuften viel davon zu Siedlungs- und Wirtschaftsraum umgewandelt wurde, ist er noch immer ein wertvolles Naherholungsgebiet für die Städter. Ein Ausläufer dieses Auwalds – der **Johannapark**, ältester Teil des etwa 130 Hektar großen Clara-Zetkin-Parks – reicht bis unmittelbar an das Stadtzentrum heran. Die Parkanlagen mit ihren Baumgruppen, Teichen, Brückchen und großen Grasflächen bieten viel Platz für Sonnensucher. Möglichkeiten zur sportlichen Betätigung stehen ebenso bereit wie gastronomische Einrichtungen. Denkmale erinnern an Franz Schubert, Richard Strauss, Clara Zetkin und Wilhelm Seyfferth, der die Parkfläche einst der Stadt geschenkt hat. Die Anton-Bruckner-Allee mit dem Fontänenbassin erinnert heute noch an die große Sächsisch-Thüringische Industrie- und Gewerbeausstellung, die 1897 eindrucksvoll die Wirtschaftskraft dieser aufstrebenden Region demonstrierte.

▷ Tram 2, 8, 9, 14 oder Bus 89 (Neues Rathaus)

Im Park haben auch die Denksportler ihren Platz

Die blühende grüne Oase lockt die Menschen aus der Stadt

*Das Bassin mit der Fontäne,
Rest einer Ausstellung von 1897*

*Historischer Musikpavillon
im Clara-Zetkin-Park*

Coffe-Baum

Als Bach 1734 seine Kaffeekantate komponierte, wurde das orientalische Getränk in Sachsen schon seit vierzig Jahren genossen. Da an der Befreiung Wiens von der türkischen Belagerung und den Kämpfen danach auch sächsische Truppen beteiligt waren, kam in den 1690er-Jahren mit der Kriegsbeute auch der Kaffee nach Sachsen. Zunächst misstrauisch beäugt, avancierte er schnell vom Luxusartikel zum Modegetränk für jedermann.
Der königlich-polnische Hofchocolatier Johann Lehmann ließ 1718/19 sein Haus in der Kleinen Fleischergasse zu einem Kaffeehaus ausbauen. Wie unglaublich gut sich sein Coffe-Baum entwickelte, konnte er nicht mehr erleben, doch sorgte nach seinem Tod die Witwe für den Erfolg des Geschäfts. Ein aufsehenerregendes Hauszeichen ziert seit jener Zeit die Fassade. Und die Betreiber der Gastwirtschaft schmückten sich gern mit der Legende, August der Starke habe ihnen diese Plastik geschenkt, weil er von ihrem Kaffee so begeistert gewesen sei.
Wer die Gaststätte „Zum Arabischen Coffe-Baum" heute besucht, kann nicht nur im Wiener Café oder im Café français verschiedene Kaffeesorten genießen, sondern erfährt im Kaffee-Museum des Hauses auch einiges über die Geschichte des edlen Getränks.

Das historische Gasthauszeichen verspricht Genuss unterm Kaffeebaum

Kleine Fleischergasse 4
Tel. 9 61 00 60
www.coffe-baum.de

▷ S1, S2, S3, S4, S5, S6 (Markt)

Die barocke Fassade ist originalgetreu restauriert

Typisch für die alte Zeit zeigt sich der verwinkelte Innenhof

Stilecht nachgebaut wurde eine arabische Kaffeestube

Deutsche Nationalbibliothek Leipzig

Seit 2006 hat Deutschland eine Nationalbibliothek. Ein wesentlicher Teil von ihr ist die 1912 gegründete und in den Jahren 1913–16 erbaute Deutsche Bücherei, die heute den Namen Deutsche Nationalbibliothek Leipzig führt. Hier wird seit 1913 das gesamte Schriftgut deutscher Sprache gesammelt, unabhängig davon, in welchem Land es gedruckt worden ist. Zudem archiviert die Bibliothek alle Übersetzungen aus der deutschen Literatur in andere Sprachen.
Seit dem 18. Jahrhundert waren alle zur Buchbranche gehörenden Institutionen in der Buchstadt Leipzig ansässig. So war es eine leichte Entscheidung für den Börsenverein des Deutschen Buchhandels, diese bedeutsame Bibliothek ebenfalls hier anzusiedeln. Zugleich wurden alle Mitglieder dieses Berufsverbands verpflichtet, zwei Exemplare von jedem Buch hier abzuliefern. Weil die Bibliothek auch in den wechselnden politischen Systemen ihren Sammelauftrag treu erfüllt hat, ist hier das gesamte deutschsprachige Schriftgut des 20. Jahrhunderts, von geringen Kriegsverlusten abgesehen, vorhanden.
Das schon 1884 gegründete **Deutsche Buch- und Schriftmuseum** bewahrt und präsentiert im neuen Erweiterungsbau seine bibliophilen Schätze.

Nationalbibliothek mit Erweiterungsbau (links)

Deutscher Platz 1
www.d-nb.de

▷ Tram 2, 16 (Deutsche Nationalbibliothek)

Im großen Lesesaal ist an vielen Tagen kaum ein freier Platz zu finden

Historische Bibel aus dem Buch- und Schriftmuseum

Das Hauptportal bewachen Bismarck, Gutenberg und Goethe

Drallewatsch

Auf einmal war es da, dieses Wort, das noch keiner gehört hatte und das in keinem Wörterbuch steht: Drallewatsch. Es soll „ursächsisch" sein und bedeutet „unterwegs sein, um was zu erleben". So gesehen, ist es genau der richtige Ausdruck für die Tour zwischen Großer Fleischergasse, Barfußgäßchen und Burgplatz. Neben so altbekannten Gasthäusern wie → **Coffe-Baum**, Zill's Tunnel und Thüringer Hof haben sich mittelgroße, kleinere und ganz kleine Kneipen, Cafés und Bars aller Couleur angesiedelt.

Das **Barfußgäßchen** ist sommers wie winters auf ganzer Länge eine einzige Kneipe, mittendrin das witzig-junge **Central Kabarett**. Der **Thüringer Hof**, schon im 15. Jahrhundert als Studentenburse bekannt, gehört zum gastronomischen Urgestein Leipzigs.

Zill's Tunnel, im Zentrum der Kneipenmeile gelegen, war einst ein bevorzugter Ort für Handwerkerstammtische. Hier wurde um 1840 zum ersten Mal das noch heute beliebte Lied „Das Wandern ist des Müllers Lust" gesungen. Die musikalische Gesellschaft ist zusammen mit dem Komponisten Karl Friedrich Zöllner auf einem Bild im Bier-Tunnel porträtiert.

Wer den Drallewatsch einmal rauf und runter gewandert ist, der wird das schöne alte Lied ganz neu verstehen.

Gratis zum guten Essen gibt es die zauberhafte Atmosphäre der Altstadt

Zill's Tunnel
Barfußgäßchen 9
www.zillstunnel.de

Thüringer Hof
Burgstraße 19
www.thueringer-hof.de

▷ Tram 9 oder Bus 89 (Thomaskirche)

Leipzig gilt als deutsche Kabaretthauptstadt

Der plätschernde Brunnen sorgt für ein angenehmes Mikroklima

Das Barfußgäßchen ist eine einzige Kneipe

Gewandhaus

Der schönste Monat in Leipzig ist der September, dann beginnt nämlich die neue Saison der Gewandhauskonzerte. Die lange Tradition des ältesten deutschen bürgerlichen Konzertorchesters reicht bis ins Jahr 1743 zurück und erfüllt selbst jene Leipziger mit Stolz, die noch nie ein Konzert darin gehört haben. Der Ruhm des Orchesters wurde durch Musiker wie Felix Mendelssohn Bartholdy, Arthur Nikisch und Wilhelm Furtwängler begründet. Sein Name geht auf eine frühere Spielstätte im Zeug- und Gewandhaus der Stadt zurück, das zugunsten des Messehauses „Städtisches Kaufhaus" abgerissen wurde. Das 1884 neu eröffnete Konzerthaus im Musikviertel wurde im Zweiten Weltkrieg zerstört.
Nach längerem Interim in der Kongresshalle am Zoo bezog das weltbekannte Orchester 1981 den Neubau am → **Augustusplatz**. Sein Initiator war Gewandhauskapellmeister Kurt Masur, der das Orchester von 1970 bis 1997 leitete. Hausherr ist derzeit Andris Nelsons. Seine vielbeschäftigten Musiker sind nicht nur in den Abonnementskonzerten, sondern auch in der Oper und in der Thomaskirche bei den wöchentlichen Motetten zu hören.

Augustusplatz 8
www.gewandhausorchester.de

▷ Tram alle Linien (Augustusplatz)

Das Gewandhaus spiegelt sich im Fontänenbecken vor dem Opernhaus

In der Welt bekannt, aber hier zu Hause: Das Gewandhausorchester

Über drei Foyer-Etagen erstreckt sich das Wandbild von Sighard Gille

Der große Konzertsaal mit der eindrucksvollen Orgel

Gohliser Schlösschen

Obwohl Leipzig in seiner tausendjährigen Geschichte niemals Residenzstadt gewesen ist, gibt es hier doch ein kleines Schloss. Johann Caspar Richter, ein Vertreter des Leipziger Geldadels, hatte 1755 mit dem Bau begonnen. Doch dann verhinderte der Siebenjährige Krieg den Fortgang der Arbeiten, und ehe weitergebaut werden konnte, war der reiche Mann gestorben. Seine Witwe heiratete den Universitätsprofessor Johann Gottlob Böhme, der das Werk schließlich vollenden ließ. Kündet der Bau in seiner Grundform noch vom Geist des Barock, so spricht der verschnörkelte Zierrat an der Fassade schon deutlich die überfeinerte Sprache des Rokoko. Im Schloss ist nach der Restaurierung die Ausmalung von Adam Friedrich Oeser, damals der berühmteste Künstler der Stadt, wieder zu sehen. Da das Schlösschen an einen Abhang gebaut ist, weist es an der Gartenseite zum Poetenweg scheinbar ein Geschoss mehr auf als an der Stadtseite zur Menckestraße. Im Garten wurde die ebenfalls von Oeser geschaffene lebensgroße Statue des Prinzen Friedrich August, später Kurfürst und ab 1806 erster König von Sachsen, aufgestellt; ursprünglich hatte sie ihren Platz in der Innenstadt.

Gohlis
Menckestraße 23
www.gohliser-schloss.de

▷ Tram 4 (Menckestraße), 12 (Fritz-Seger-Straße)

Großbürgerliche Salonkultur prägt den Stil des alten Landschlosses

Der Blick geht durch die Suite der Zimmer bis zum Garten

Der Oesersaal mit den Gemälden des Meisters wurde 1999 wiederhergestellt

In den lichten Farben des Barock zeigt sich das Schlösschen von der Gartenseite

Gosenschenke Ohne Bedenken

Ursprünglich am Ufer der Pleiße ansässig, schenkt das Lokal seit 1899 in Gohlis die regionale Bierspezialität Gose aus. Seit den 1960er-Jahren wurde keine Gose mehr gebraut, das Etablissement war geschlossen und in Vergessenheit geraten. Als die Kneipe 1986 neu eröffnet wurde, galt sie als Geheimtipp. Hier war alles anders, als man es kannte: Solch ein säuerlich-salziges Weißbier gab es nirgends sonst, und schon der Namenszusatz „Ohne Bedenken" schien bedenklich genug. Auswärtige Gäste hatten früher immer wieder gefragt, ob man denn das trübe Gebräu auch trinken könne. Die stereotype Antwort von Kellner Karl Schmidt lautete: „Ohne Bedenken!"
Inzwischen ist aus dem Geheimtipp eine weltbekannte Spezialität geworden. Das amerikanische „All About Beer Magazine" zählt die älteste erhaltene Leipziger Gosenschenke zu den 150 empfehlenswertesten Bierkneipen weltweit. Wer mehr über die lange Geschichte des obergärigen Weißbiers wissen möchte, dem sei „Das Buch Gose" empfohlen, das nur in der Gosenschenke verkauft wird.

Gohlis
Menckestraße 5
Tel. 5 66 23 60
www.gosenschenke.de

▷ Tram 12 (Fritz-Seger-Straße)

Im kühlen Schatten
der Kastanien schmeckt
die Gose am besten

Hier wurde früher
die Gose zum Reifen
in Flaschen gefüllt

1905 wurde das Haus
mit der Gosenschenke
neu gebaut

Grassimuseum

Das siebentorige Portal lädt ein in drei Museen unter einem Dach

Der italienische Kaufmann und Wahlleipziger Franz Dominic Grassi (1801–80) war durch seinen Handel mit Russland sehr reich geworden. Der sparsame Junggeselle vererbte seiner Heimatstadt Leipzig fast 2,5 Millionen Goldmark (ca. 23 Millionen Euro). Die Verwalter der Stiftung haben damit viel Gutes und noch mehr Schönes in der Stadt bewirkt. 1895 wurde in seinem Namen ein Museum für Völkerkunde gebaut. Als dafür in den 1920er-Jahren ein größeres Haus gebraucht wurde, war noch immer so viel Kapital vorhanden, dass es auch für den neuen Bau reichte. Das neue Grassimuseum ist Heimstatt für drei Museen.

Das **Museum für Angewandte Kunst** sammelt und präsentiert die Highlights des Kunsthandwerks aus vielen Jahrhunderten. Ein großer Teil der wertvollen Sammlungen wurde von Leipzigern, die geschäftliche Kontakte in alle Welt hatten, dem Museum gestiftet. Möbel oder Schmuck, Töpferwaren oder Textilien – alles zeugt von zeitloser Kreativität.

Das **Museum für Völkerkunde** zeigt in thematischen Arrangements originale Objekte aus dem Leben von Menschen auf allen Kontinenten. Weil die Sammlungen schon seit langer Zeit zusammengetragen werden, vereinen sie historische wie aktuelle Exponate. Ein ganz besonderes Highlight stellt das **Museum für Musikinstrumente** dar. Diese Einrichtung der Universität zeigt europäische und

Der elefantenköpfige Ganesha stammt aus Südindien

Johannisplatz 5
Di–So 10–18 Uhr
www.grassimuseum.de

▷ Tram 4, 7, 12, 15 (Johannisplatz)

Die Museumshalle besticht durch ihren blau-rot-goldenen Farbklang

Exponat im Museum für Völkerkunde

außereuropäische Musikinstrumente mehrerer Jahrhunderte und lässt sie auch in Klangbeispielen erlebbar werden. Mechanische Musikinstrumente wie Drehorgeln und selbstspielende Klaviere stellen die Verbindung zwischen Kunst und Technik her.
An das Museum schließt sich der im 19. Jahrhundert geschlossene → **Johannisfriedhof** an. Zu den alten Grabsteinen, die von der Geschichte Leipzigs künden, gehört auch der von Franz Dominic Grassi.

Pyramidenflügel wie dieser 1823 gebaute sind nur selten zu sehen

Restauratorenwerkstatt im Museum für Musikinstrumente

Licht ist ein eigenes Gestaltungselement in der Pfeilerhalle

Das Hauptgebäude wird von der Bauplastik „Ananas" bekrönt

Grimmaische Straße

Sie ist eine der alten Hauptstraßen der Stadt und führt von der dreißig Kilometer entfernten Stadt Grimma kommend über den → **Augustusplatz** zum → **Marktplatz**. Das Grimmaische Tor war eines der vier Stadttore, es wurde 1831 abgerissen. An seiner Stelle entstand das einst berühmte Kaffeehaus Felsche, dessen Nachfolgebau ist Bestandteil des Neubaus der → **Universität**.
Die Bronzeplastik von Bernd Göbel verstellt quer den Weg, um den Passanten Denkanstöße zu geben. Die kritische Sicht auf die Dinge, die in den späten 1980er-Jahren nicht nur die Leipziger bewegte, bestimmt die Symbole und Texte auf diesem schwankenden Balken.
Die 1410 gegründete **Löwen-Apotheke** ist nach mehreren Ortswechseln heute ebenfalls in der Grimmaischen Straße angesiedelt. Ein Schmuckstück der Straße ist der attraktive Runderker des ehemaligen Fürstenhauses von 1558.
Ehe die Straße auf den Markt mündet, führt sie noch am **Zeitgeschichtlichen Forum**, am → **Naschmarkt**, an der → **Mädler-Passage** und am **Alten** → **Rathaus** vorbei. Die Messehäuser, die Anfang des 20. Jahrhunderts an der Straße erbaut wurden, erfüllen heute andere Aufgaben.

Aus dem Straßenpflaster wachsen Granithöcker und Zwergfontänen

Museum zu Alltagsleben und Widerstand in der DDR

Zeitgeschichtliches Forum
Grimmaische Straße 6
Di–Fr 9–18 Uhr, Sa–So 10–18 Uhr
Tel. 2 22 00
www.hdg.de/zeitgeschichtliches-forum

▷ S1, S2, S3, S4, S5, S6 (Markt)

„Unzeitgemäße Zeitgenossen"
von Bernd Göbel

Alter Runderker, eingepasst
in neues Haus

Hainstraße

Diese alte Straße führt vom jetzigen Markt zu Leipzigs ältestem, dem heute nicht mehr existierenden Eselsmarkt. Als historische Hauptstraße bot sie den idealen Platz für repräsentative Bauten. Noch heute finden sich hier Gebäude, deren Fassaden prominent mit Barock-Erkern aus Holz oder Stein geschmückt sind.
Das wahrscheinlich älteste Baudetail dieser Art aus den 1670er-Jahren finden wir an **Webers Hof** (Nr. 3). Das Haus Hainstraße Nr. 8 wurde um 1550 erbaut und ist damit Leipzigs ältestes erhaltenes Wohnhaus. Natürlich gab es auch viel ältere Häuser, aber sie sind alle dem Modernisierungszwang der Messestadt zum Opfer gefallen. Einen weiteren Superlativ findet man in der Hainstraße Nr. 15: Das um 1700 gebaute Haus ist nur zwei Fenster breit und damit das kleinste Haus in Leipzig. Deutlich jünger, aber deswegen nicht minder interessant ist die **Adler-Apotheke**. Obwohl schon 1709 gegründet, stammt der schöne Bau mit seiner sehenswerten Inneneinrichtung erst aus dem Jugendstil. Hier hat einst Fontane als Apotheker gearbeitet, und in der Nähe war Schiller einmal abgestiegen.
Mit dem **Hôtel de Pologne**, das gerade von Grund auf renoviert wurde, bekam Leipzig 1832 eine seiner Nobelherbergen. Hier standen zuvor drei Häuser, u. a. das „Haus zum Birnbaum", das dem Bibeldrucker und Luther-Freund Melchior Lotter gehörte.

Leipzigs kleinstes Haus ist über dreihundert Jahre alt

Zentrum

▷ Tram 1, 3, 4, 7, 9, 12, 14, 15 (Goerdelerring) oder S1, S2, S3, S4, S5, S6 (Markt)

Zwischen Markt und Brühl sind die schönsten Barock-Erker zu sehen

Jugendstil-Mobiliar in der Adler-Apotheke von 1909

Hauptbahnhof

Der Leipziger Hauptbahnhof ist der größte Kopfbahnhof Europas. Ursprünglich standen hier drei Bahnhöfe, die verschiedenen Gesellschaften gehörten. Folglich war das Umsteigen für die Reisenden sehr kompliziert. Nach der Reichsgründung von 1871 verständigten sich die sächsischen und die preußischen Eisenbahndirektorien auf einen gemeinsamen Bau, der nach 13-jähriger Bauzeit 1915 fertiggestellt wurde. Auf dem 270 Meter langen Querbahnsteig mündeten 26 Bahnsteige, dazu gab es noch einige kürzere außerhalb der Bahnhofshalle.
Durch seinen Umbau zum Promenaden-Hauptbahnhof mit angegliedertem Einkaufszentrum in der zweiten Hälfte der 1990er-Jahre und wegen des Baus eines Eisenbahntunnels, der zum Bayerischen Bahnhof führt, mussten ein paar Bahnsteige weichen. Einer von ihnen wird als Denkmalgleis genutzt, um historische Lokomotiven auszustellen – schließlich war Leipzig einmal die „Herzkammer des deutschen Eisenbahnverkehrs", wie es der Eisenbahnpionier Friedrich List formuliert hat. Von Leipzig aus fuhr 1839 die erste deutsche Ferneisenbahn nach Dresden.

Leipzigs gigantischer Kopfbahnhof von oben

Willy-Brandt-Platz 5

▷ S-Bahn und Tram fast alle Linien

Der Leipziger Hauptbahnhof ist mehr als hundert Jahre alt

120 000 Menschen durchströmen täglich das Gebäude

Modernes Einkaufszentrum mit über 140 Geschäften

Johannisfriedhof

Auf Friedhöfen wird Geschichte lebendig – das mag paradox klingen, ist aber erstaunlich wahr: In höchst komprimierter Form ist auf Grabsteinen das Leben von Bürgern und somit auch die Geschichte einer Stadt festgehalten. Der Johannisfriedhof wird seit dem 13. Jahrhundert genutzt, zunächst für die Lepra-Toten aus dem Johannishospital, von dem nur ein Portal erhalten ist.
Zwischen zwei lauten Straßen erleben wir einen überraschend friedvollen Ort, wo Grabsteine aus dem Barock bis ins 19. Jahrhundert stumm ihre Geschichten preisgeben. Der liebeskummerkranke Student Goethe wollte hier begraben sein, stattdessen finden wir noch heute das Grab seiner Freundin Käthchen Schönkopf, die später den Juristen Christian Karl Kanne heiratete.
Nachdem 1536 Begräbnisse auf den Kirchhöfen in der Stadt untersagt worden waren, erwarb der Medizinprofessor Heinrich Stromer von Auerbach als einer der Ersten hier eine Familiengruft. Sein Grab ist zusammen mit vielen anderen in den Kriegshändeln verschiedener Zeiten verloren gegangen. Als einer der Letzten wurde der edle Stifter Franz Dominic Grassi 1880 hier begraben. Wertvolle Grabsteine vom Neuen Johannisfriedhof – in den 1970er-Jahren säkularisiert – wurden hierher umgesetzt.

Zentrum
März–Okt. tgl. 10–18 Uhr,
Nov.–Feb. tgl. 10–16 Uhr

▷ Tram 4, 7, 12, 15 (Johannisplatz, Eingang Grassimuseum), 4, 7 (Gerichtsweg, Seiteneingang)

Friedvolle Atmosphäre mitten in der Innenstadt

Als einer der Letzten wurde der Stifter Franz Dominic Grassi hier begraben

Grabstätte aus dem späten 19. Jahrhundert

Stadtgeschichte der besonderen Art

Katharinenstraße

Romanushaus an der Ecke Katharinenstraße/Brühl

Bombenkrieg und übereilter Abriss ließen vom einstigen Glanz der barocken Prachtstraße nicht viel übrig. Geblieben sind aber zwei großartige Zeugen früherer Baukunst. Der junge Bürgermeister Franz Conrad Romanus, der als Günstling von August dem Starken den reichen Leipzigern gar nicht so genehm war, ließ sich ab 1701 ein Stadtpalais errichten, wie man es in Leipzig noch nicht gesehen hatte. Das imposante **Romanushaus** kostete seinen Namensgeber mehr, als er sich leisten konnte. Als Bürgermeister hatte er Zugriff auf die Stadtkasse und konnte der Versuchung nicht widerstehen. Als der Coup ruchbar wurde, ließ ihn der Landesfürst 1705 ohne richterliches Urteil auf der Festung Königstein einsperren, wo er 41 Jahre später starb.
Ein zweites barockes Schmuckstück ist das **Fregehaus**. Bankier Christian Gottlob Frege, der auch Goethes Leipziger Bankgeschäfte führte, kaufte 1782 das renommierte Haus, das siebzig Jahre zuvor unter Verwendung eines älteren Baus errichtet worden war. Das Portal und die Eingangshalle zeigen noch gotische Formen, der rechteckige Hof, der heute von jungen Blumenkünstlern belebt wird, und die Fassade zeugen vom Barock.
In **Kretschmanns Hof** hat das altrenommierte **Kabarett Pfeffermühle** sein neues Quartier.

Relief aus der Reformationszeit im Hof des Fregehauses

Kabarett Pfeffermühle
Katharinenstraße 17
Tel. 9 60 31 96
www.kabarett-leipziger-pfeffermuehle.de

▷ S1, S2, S3, S4, S5, S6 (Markt)

Der Erker ist die besondere
Zierde des Fregehauses

Torhalle des Fregehauses
im Stil der späten Gotik

Kleingärtnermuseum

Der Leipziger Orthopäde und Pädagoge Moritz Schreber (1808–61) wurde zum Namensgeber einer Bewegung, die im frühen 19. Jahrhundert ihren Ausgang genommen hat. Schrebergärten entstanden aus der frühen bürgerlichen Reformbewegung, die darauf setzte, dass Gartenarbeit an frischer Luft ein Gegengewicht zur monotonen Fabrikarbeit schafft und auch die Verbindung zur Natur förderlich für die Volksgesundheit ist.
Welche Geschichte der Schrebergarten hinter sich hat und was bis heute seinen Reiz für viele Menschen ausmacht, das alles und noch viel mehr vermittelt das 1996 eröffnete Deutsche Kleingärtnermuseum. Zu finden ist es in dem 1896 eröffneten Vereinshaus des 1864 gegründeten ersten Schrebervereins. Das Fachwerkhaus mit seinem originellen Türmchen befindet sich inmitten einer historischen Schrebergartenanlage, die unter Denkmalschutz steht. Zu den kleinen Blütenparadiesen gibt es interessante Informationen über die oft lange Liste ihrer Vorbesitzer. Die vielleicht älteste deutsche Gartenlaube, um 1880 erbaut, ist ebenso zu sehen wie ein Kinderspielplatz vergangener Tage. In den Museumsräumen wird dokumentiert, wie und warum Kleingärtnerei deutschlandweit betrieben wurde und wird.

Die ältesten deutschen Gartenlauben sind hier versammelt

Gartenarbeit: Einst Mittel der Armutsbekämpfung, heute Freizeitvergnügen

Das Museum erlaubt einen Blick in Laubenpiepers Wohnidyll

Aachener Straße 7
Di–Do 10–16 Uhr
Tel. 2111194
www.kleingarten-museum.de

▷ Tram 1, 2, 14 (Marschnerstraße), 3, 4, 7, 8, 15 (Waldplatz)

Der Gartenzwerg geht mit der Zeit

Kleinmesse

Seit es die Leipziger Messe gibt, war sie nicht nur ein Handelsereignis, sondern bot auch kleine Fluchten vor dem tristen Alltag. Wahrsager und Zahnbrecher, Gaukler und Glücksbuden fanden in der gesamten Stadt ihr Publikum. Der erste Löwe, der erste Elefant, Guckkastenbilder und Panoramen belebten die Messen. Mit der Entwicklung der Messe zur Musterschau aber änderte sich ihr Erscheinungsbild völlig. Seit 1907 hat die Kleinmesse als reines Volksfest ihren Platz zwischen Leipzig und dem längst eingemeindeten Lindenau. Karussell und Hippodrom, Bierzelt und Würstchenbude warben nun um ihr Publikum. Ganz ohne Handel ging es aber dennoch nicht, einer der fliegenden Händler gilt als ein wahres Leipziger Original: Seiferts Oscar. Seine Werbung „Leide, goofd Gämme – 's gomm lausje Zeiden!" (Leute, kauft Kämme, es kommen lausige Zeiten!) war in den 1930er-Jahren und noch lange danach sprichwörtlich. Inzwischen ist die Kleinmesse aber zeitgemäß technisch hochgerüstet: Achterbahn und Super-Scooter, Riesenrad und Kettenflieger begeistern im Frühjahr und im Herbst die Besucher.

Lindenau
Kleinmesseplatz
Cottaweg 5
www.leipziger-kleinmesse.net

▷ Tram 3, 7, 8, 15 oder Bus 130, 131 (Angerbrücke)

Auf dem Rummelplatz gibt's großes Glück zum kleinen Preis

Vergnügen für Jung und Alt: Der Musik-Express

Beim Aufstieg in die Höhe
ist Herzklopfen garantiert

Weithin zu sehen ist das bunte
Riesenrad

Kroch-Hochhaus

Wer schon mal in Venedig auf dem Markusplatz den Torre dell'Orologio gesehen hat, dem kommt Leipzigs ältestes Hochhaus sofort bekannt vor. Die alten Handelsverbindungen zu den oberitalienischen Städten fanden im plastischen Schmuck des Hauses einen bildlichen Nachklang. Als der Bankier Hans Kroch den Bauantrag stellte, waren die Verantwortlichen zögerlich bei der Genehmigung, weil sich das Haus deutlich über die vorgeschriebene Firsthöhe erheben und somit das Stadtbild stören, vielleicht sogar zerstören würde. Der Bauherr musste, als der Bau die Normhöhe erreicht hatte, die weiteren Etagen als Attrappe aufsetzen. Das überzeugte die Beamten. Nachdem das Kroch-Hochhaus 1928 fertiggestellt war und die Glockenmänner optisch und akustisch gleichermaßen attraktiv ihre Arbeit verrichteten, ist es sofort als Highlight gefeiert worden. Auch bei der Beschriftung der Fassade orientierte man sich an Italien, aber Vergils Vers „Omnia vincit amor" (Liebe überwindet alles) wurde dem Geist der Handelsstadt gemäß umgewandelt zu „Omnia vincit labor" (Arbeit besiegt alles). In dem ehemaligen Bankhaus zeigt jetzt das **Ägyptische Museum** seine Sammlung.

Pyramiden- und Totentempelkomplex eines Pharaos vor 4500 Jahren

Ägyptisches Museum
Goethestraße 2
Tel. 9 73 70 15
www.uni-leipzig.de/aegyptisches-museum

▷ Tram alle Linien (Augustusplatz)

Die sächsische Schalterhalle präsentiert ägyptische Schätze

Die bronzenen Glockenmänner verkünden per Glockenschlag die Uhrzeit

Leipzigs erstes Hochhaus wurde vom Bankhaus zum Museum umgenutzt

Lenné-Anlage

1763 wurde mit dem Abriss der Stadtmauer begonnen. Als 1857 der letzte Rest gefallen war, begann der renommierte Gartenarchitekt Peter Joseph Lenné, der auch den Berliner Tiergarten und Teile des Parks von Schloss Sanssouci entworfen hat, die Mauerbrache in einen englischen Park umzugestalten. Nach Lenné ist der Park auch offiziell benannt, doch spricht man in Leipzig meist vom **Schillerpark**. Die ihn begrenzende Straße trägt seit dem 10. November 1859, Schillers hundertstem Geburtstag, den Namen Schillerstraße. 1914 wurde im Park das Schillerdenkmal errichtet, weitere Denkmale im Park erinnern an den Dichter Christian Fürchtegott Gellert, an den Bürgermeister Hermann Koch und an den Komponisten Robert Schumann. Von besonderem Reiz sind die Baumgruppen und die Rasenflächen, die in ihrem Profil noch den Verlauf des Wassergrabens und der über ihn hinwegführenden Dammbrücken ahnen lassen. Der **Promenadenring**, der die Altstadt umschließt, markiert noch heute recht genau den Verlauf der etwa 2,5 Kilometer langen Stadtmauer.

Schillerstraße

▷ Tram 2, 8, 9, 10, 11, 14 (Wilhelm-Leuschner-Platz)

Schillerdenkmal von Johannes Hartmann (1914)

An vielen Plätzen bieten Straßencafés Entspannung

Neorenaissancebauten in der Schillerstraße

Der Schillerpark: Eine grüne Insel im steinernen Zentrum

Mädler-Passage

Wie manches Leipziger Gebäude folgt auch dieses einem italienischen Vorbild. Bauherr Anton Mädler (1864–1925) und sein Architekt Theodor Kösser haben sich an der Galleria Vittorio Emanuele in Mailand orientiert. Dort wie hier ähneln die Eingänge Triumphbögen, wird der Kreuzungspunkt der Galeriearme von einer Kuppel überwölbt. Dass die Leipziger Passage nur zwei statt vier Arme wie das Vorbild hat, ist durch den Grundriss des Vorgängerbaus bestimmt.
Heinrich Stromer von Auerbach, der Begründer der Schanktradition in → **Auerbachs Keller**, hatte zwischen 1528 und 1538 einen Durchgangshof von der → **Grimmaischen Straße** zum Neumarkt erbauen lassen. Dieses alte Messehaus für Luxusartikel – seit 1712 wurde hier auch das wertvolle Meißner Porzellan von August dem Starken persönlich präsentiert – ist 1912 abgerissen worden. Auf der Fläche entstand dann die Mädler-Passage in ihrer heutigen Dimension. Seit 1913 ist sie die eleganteste Einkaufspassage in der Stadt – schicke kleine Boutiquen, feine Restaurants wie **Mephisto-Bar** und **Kümmel-Apotheke** und oftmals eigenwillige Kunstinstallationen bestimmen ihr Flair.

Elegante Passage unter kunstvollem Glasdach

Hier geht's von der Grimmaischen Straße in die Passage

Grimmaische Straße 2–4

▷ S1, S2, S3, S4, S5, S6 (Markt)

In der Passage kann man angenehm flanieren und einkaufen

Am historischen Platz von Auerbachs Hof prunkt die Mädler-Passage

Marktplatz

Wie vielerorts, so ist auch in Leipzig der Marktplatz „die gute Stube" der Stadt.
Seine Ostseite wird geprägt durch das prächtige **Alte → Rathaus**, das man schon mal begeistert den „schönsten Renaissancebau nördlich der Alpen" genannt hat. Für die Stadt nicht minder bedeutsam ist ein weiterer Bau aus jener Zeit: die **Alte Waage**. Hier wurde einst für die Handelsstadt Geld verdient, einkommende und abgehende Güter mussten verzollt werden. Beide Gebäude wurden im Krieg schwer in Mitleidenschaft gezogen und sind danach nahe am Original rekonstruiert worden.
Die Nordseite des Marktes vereint Bauten unterschiedlicher Epochen. Weil sich die Bauherren an dem Vorhandenen orientiert haben, ohne das Moderne der neuen Gebäude zu leugnen, ist ein Bauensemble von eindrucksvoller Geschlossenheit entstanden.
An der Westseite führt das Barfußgäßchen zwischen **König-Albert-Haus** und **Kaufhalle** hindurch. Wem hier auf dem → **Drallewatsch** zu viel Gedränge herrscht, kann auch den Weg durch den Hof der Kaufhalle nehmen und bei Zill's Tunnel die Klostergasse erreichen. Jüngeren Datums ist die **Marktgalerie** mit ihren zahlreichen Geschäften, die ebenfalls eine Passage zur Klostergasse bietet.
An der Südseite findet man das **Königshaus**, einen sehr schönen Barockbau, der über Jahrhunderte Leipzigs Nobelherberge war. Peter der Große, Friedrich der Große, August der Starke und noch viele andere große und starke Gäste haben hier logiert.

Zentrum

▷ S1, S2, S3, S4, S5, S6 (Markt)

Baustile aus mehreren Jahrhunderten an der Nordseite

Einst Untergrundmessehaus, jetzt Station der S-Bahn

Klassizistische Kaufhalle neben der neuen Marktgalerie

Zierde des Marktplatzes: Das Stadtwappen als Mosaikpflaster

Der Marktplatz, der seit ein paar Jahren auch mit der S-Bahn durch den City-Tunnel zu erreichen ist, bildet den Rahmen für Leipzigs seit über fünfhundert Jahren stattfindenden Weihnachtsmarkt. Während des ganzen Jahres locken die Wochenmärkte Kunden aus der Stadt und der Umgebung an. Auf dem Platz herrscht fast immer Trubel, nur an wenigen Tagen ist er eine „aufgeräumte gute Stube".

Könige, Kaiser und Zaren hielten sich in ihm auf: Das Königshaus

Die Kaufhalle wies einst circa vierzig Verkaufsgewölbe im Durchgangshof auf

Süße Sachen werden in der Marktgalerie gefertigt

Weihnachtsmarkt vor dem würdevollen Alten Rathaus

Mendelssohn-Haus

Das musikbegeisterte Leipzig ist zu allen Zeiten für Musiker ein interessanter Ort gewesen. Felix Mendelssohn Bartholdy (1809–47) wurde 1835 zum Gewandhauskapellmeister berufen. Von 1845 bis zu seinem Tod wohnte er mit seiner Familie in dem großen Haus in der Königstraße, heute Goldschmidtstraße. Angeregt von Kurt Masur, seinem späteren Nachfolger im Gewandhaus, wurde 1997 in der Wohnung ein Museum eröffnet. In dem Haus, in dem die jungvermählten Eheleute Clara Wieck und Robert Schumann ihre erste gemeinsame Wohnung hatten, gibt es ebenfalls eine kleine Erinnerungsstätte. Eine weitere ist dem norwegischen Komponisten Edvard Grieg im Musikverlag C. F. Peters gewidmet. Richard Wagner, 1813 in Leipzig geboren, verließ bereits als junger Mann die Heimat. Heute ist man in Leipzig bemüht, ihn als großen Sohn wiederzuentdecken.
Eine Erinnerung an Mendelssohns Zeitgenossen Albert Lortzing, der zur selben Zeit am Leipziger Theater spielte, sang und z. B. die unvergessene Oper „Zar und Zimmermann" komponierte, findet man auf der„Leipziger Notenspur", einer Stadtführung sehr spezieller Art.

Schon im Treppenhaus begrüßt Mendelssohn die Besucher

Goldschmidtstraße 12
www.mendelssohn-stiftung.de

▷ Tram alle Linien (Augustusplatz)

Schumann-Haus
Inselstraße 18
www.schumann-haus.de

▷ Tram 4, 7 (Gerichtsweg)

Grieg-Begegnungsstätte
Talstraße 10
www.edvard-grieg.de

▷ Tram 4, 7, 12, 15 (Johannisplatz)

Leipziger Notenspur
www.notenspur-leipzig.de

Arbeitszimmer des Gewandhauskapellmeisters

In diesem Haus wohnte die Familie Mendelssohn ab 1845

Im Musiksalon der Mendelssohns finden heute wieder Konzerte statt

Messegelände

Neue Zeiten brauchen neue Messen. Waren für mehrere Jahrhunderte die zweimal im Jahr stattfindenden Universalmessen ausreichend, so können seit Eröffnung der Neuen Messe 1996 während des ganzen Jahres Fach-, Spezial- und auch Besuchermessen stattfinden. Es entstanden fünf variable Ausstellungshallen, ein Kongress- und ein Pressezentrum, ein Freigelände und eine zentrale Glashalle. Diese darf, besonders abends bei voller Beleuchtung, ein Highlight genannt werden.
Zu den für die Besucher wohl wichtigsten Messen gehören die Buchmesse, während der in jedem Frühjahr ein opulentes Lesefest an vielen Orten in der Stadt stattfindet, und die Verbrauchermesse Haus-Garten-Freizeit. Ein Messe-Highlight speziell für jüngere Besucher ist die Manga-Comic, die parallel zur Buchmesse stattfindet. Hier treffen sich Autoren und Fans der japanischen Manga, die teils von weit her anreisen.
Die Säle des Kongresszentrums sind zudem gesuchte Orte für große Kongresse wie auch für Unterhaltungsshows.

Wie ein fremdes Flugobjekt leuchtet die Glashalle

Auf dem Messegelände gibt es auch ganz ruhige Ecken

Seehausen
Messe-Allee 1
www.leipziger-messe.de

▷ S2, S4, S5, S6, Tram 16 (Leipzig Messe)

In der Glashalle beginnen die Messen mit einem furiosen Auftakt

Durch gläserne Röhrentunnel gelangt man von einer Messehalle in die andere

Moritzbastei

Als Leipzig 1547 belagert wurde, erwies sich eine Stelle als riskanter Schwachpunkt in der Verteidigung. Daraufhin ließ Kurfürst Moritz von Hieronymus Lotter, der auch das Alte Rathaus erbaute, ein Festungswerk errichten, das als Rest der alten Stadtbefestigung bis heute erhalten blieb. Militärisch ist es niemals von besonderer Bedeutung gewesen, aber die Gewölbe und Kasematten boten geeignete Gewerberäume, u. a. für eine Gießerei, in der zunächst Kanonen und später Glocken gegossen wurden. Der stabile, aber Ende des 18. Jahrhunderts unnütz gewordene Bau diente dann als Fundament für ein Schulgebäude. Als das im Zweiten Weltkrieg von Bomben zerstört wurde, boten die unterirdischen Räume Platz, die Trümmer darin einzulagern.
1974 haben Studenten das alte Gemäuer wiederentdeckt, in mühevoller Kleinarbeit den Trümmerschutt ausgeräumt und sich einen in jeder Beziehung großartigen Studentenclub eingerichtet. Musik, Theater, Literatur, Diskothek und tiefgründige Gespräche finden hier zueinander. Das Schönste: Man braucht keinen Studentenausweis, um hineinzukommen.

Die Pyramide aus Steingeschossen erinnert an den Dreißigjährigen Krieg

Universitätsstraße 9
www.moritzbastei.de

▷ Tram 2, 8, 9, 10, 11, 14 (Wilhelm-Leuschner-Platz)

Modernes Interieur in alten Kasematten

Das alte Gemäuer eignet sich gut als Kulisse für modernes Theater

Eingang zur Moritzbastei. Dahinter das Gewandhaus

Museum der bildenden Künste

Der Seidenhändler Adolf Heinrich Schletter stiftete Leipzig seine Kunstsammlung, die im 1848 gegründeten Bildermuseum eine Heimstatt fand. Auch der bereits 1837 gegründete Leipziger Kunstverein trug mit Malereien, Grafiken und Plastiken zur Entwicklung des Bestandes bei. Nach der Zerstörung des alten Bildermuseums im Zweiten Weltkrieg wurden die Kunstschätze vorübergehend im Gebäude des ehemaligen Reichsgerichts ausgestellt. Mit der Eröffnung des Museums der bildenden Künste im Jahre 2004 bekamen die Sammlungen wieder eine repräsentative Heimat. Da die Bestände selbst den Krieg weitgehend unbeschadet überstanden haben, ist das Museum zu vielen Epochen gut ausgestattet. Die Bilder älterer Meister aus den Niederlanden und aus Deutschland stammen zum größten Teil aus der Sammlung des Schafzüchters und Wollhändlers Maximilian Speck von Sternburg. Sein Nachkomme hat 1996 mehr als achthundert Kunstwerke dem Museum der bildenden Künste gestiftet. Die vielzitierte Leipziger Schule ist geringer vertreten, denn die besten Arbeiten wurden in der DDR-Zeit in das westliche Ausland verkauft. Aber die Hauptwerke des einstigen Lokalmatadors Max Klinger werden im Museum präsentiert.

Katharinenstraße 10
Di, Do–So 10–18 Uhr, Mi 12–20 Uhr
Tel. 216990
www.mdbk.de

▷ S1, S2, S3, S4, S5, S6 (Markt)

Max-Beckmann-Saal mit dem Gemälde „Die Schlacht" (1907)

Barockplastiken von Balthasar Permoser und Installation von Klaus Rinke

Im riesigen Museumscafé wirkt selbst Michelangelos „David" klein

Leuchtend wie ein Eiskristall: Museum der bildenden Künste

Musikviertel

Die Beethoven- und die Mozartstraße sind die namengebenden Hauptachsen im Musikviertel. Zentraler Punkt war von 1884 bis 1944 das Neue Konzerthaus, das in Anlehnung an den Vorgängerbau stets Gewandhaus genannt wurde. An seine Geschichte erinnert eine Gedenktafel am Neubau der **Philologischen Fakultät.** Unweit davon erinnert ein Bronzeporträt an das Denkmal von Felix Mendelssohn Bartholdy, das vor dem Gewandhaus stand, ehe es von den Nationalsozialisten zerstört wurde. Der Nachguss des Denkmals steht jetzt an der Thomaskirche.

Das 1843 von Mendelssohn gegründete Konservatorium hat sich hier am neuen Standort zur **Hochschule für Musik und Theater** entwickelt. In der Ferdinand-Rohde-Straße erinnert eine unscheinbare Bronzestele an Rintaro Taki, der hier 1901/02 als erster Japaner in Europa Musik studierte.

Zwei weitere Kunstschulen haben hier ebenfalls ihren Standort: das **Deutsche Literaturinstitut** und die **Hochschule für Grafik und Buchkunst**. Letztere macht heute vor allem durch die Ausbildung von jungen Malerinnen und Malern, die der Neuen Leipziger Schule zugerechnet werden, Furore. Ganz in der Nähe stellt seit 1988 die **Galerie für Zeitgenössische Kunst** in einem eigenen Hause aus.

Galerie für Zeitgenössische Kunst
Karl-Tauchnitz-Straße 9–11
Di–Fr 14–19 Uhr, Sa–So 12–18 Uhr
www.gfzk.de

Universitätsbibliothek Leipzig
Beethovenstraße 6
www.ub.uni-leipzig.de

▷ Tram 2, 8, 9, 14 (Neues Rathaus) oder S1, S2, S3, S4, S5, S6 (Wilhelm-Leuschner Platz)

Das Deutsche Literaturinstitut wird ironisch auch „Dichterschmiede" genannt

Die Hochschule für Musik und Theater in der Tradition Mendelssohns

Als Königlich Sächsische Kunstakademie erbaut: Die Hochschule für Grafik und Buchkunst

Freischwebender Musiksaal der Hochschule für Musik und Theater

Die Fakultät Elektrotechnik und Informationstechnik der Hochschule für Technik, Wirtschaft und Kultur (HTWK) hat in diesem Viertel ebenso ihren Sitz wie die **Universitätsbibliothek Leipzig** (Albertina). Mit ihrem einzigartigen Altbestand gehört sie zu den weltweit beachteten Zentren der Erforschung der Buchgeschichte.
An das Musikviertel schließt sich direkt der → **Clara-Zetkin-Park** an.

Arbeitsame Stille herrscht im historischen Lesesaal der Albertina

*Portal der Universitäts-
bibliothek Leipzig*

*Erhabener Aufstieg zu den
Schätzen der Albertina*

Naschmarkt

Ihre umsatzstarken Geschäfte tätigten die vermögenden Fernhandelskaufleute mit ihren Leipziger Partnern bis ins 17. Jahrhundert in einem provisorischen Holzverschlag auf dem Markt. Zu der Zeit gab es in den Handelszentren Italiens und Flanderns schon Bauten, deren Erscheinungsbild dem Wert des Handels entsprach. Die selbstbewussten Leipziger konnten schließlich ihren Stadtrat überzeugen, dass solch eine repräsentative Börse auch für ihre Stadt gut ist.
Im Mai 1678 wurde der Grundstein zu einem sensationellen Gebäude gelegt: dem ersten Leipziger Bau im Stile des Barock. Weil damit noch kein ansässiger Handwerker Erfahrung hatte, mussten Fachleute von weit her geholt werden. Das erklärt, weshalb der gar nicht so riesige Börsenbau erst im August 1687 gänzlich fertiggestellt war. In Betrieb genommen wurde er aber schon zur Michaelismesse im Herbst 1679. Eine neue Börse erhielt Leipzig 1886, die aber im Krieg zerstört wurde. In der **Alten Handelsbörse** finden jetzt Konzerte und kleine Kongresse statt.
Auf dem Platz davor wurde 1903 das Goethe-Denkmal errichtet, das den Dichterfürsten in der typischen Kleidung seiner Leipziger Studentenzeit (1765–68) zeigt.

Über dem Börsenportal prangt eines der ältesten erhaltenen Stadtwappen

Zentrum

Alte Börse
Naschmarkt 1
Tel. 965 14 00
www.stadtgeschichtliches-museum-leipzig.de

▷ S1, S2, S3, S4, S5, S6 (Markt)

Beginn des Leipziger Barock: Die Alte Handelsbörse

Ein edler Raum für guten Klang: Der historische Börsensaal

Goethe als lebenslustiger Leipziger Student

Neuseenland

Jahrzehntelang galt die Umgebung der Stadt als trist und dreckig. Schuld daran waren die Braunkohlentagebaue, derentwegen seit den 1930er-Jahren Wälder, aber auch mehrere Dörfer weggebaggert worden sind. Dass aus den Restlöchern der Kohlegruben einmal eine Seenplatte entstehen könnte, war eine große Vision. Selbst als 1962 damit begonnen wurde, den Tagebau Kulkwitz mit Wasser zu fluten, konnte sich kaum jemand die heutige Wasserlandschaft vorstellen.
Mit dem Ende der DDR kamen auch das Ende des Kohleabbaus und die Einstellung der ruß- und rauchintensiven Karbonindustrie. Zur Weltausstellung EXPO 2000 wurde der **Cospudener See** zur Nutzung als Freizeitgewässer freigegeben. An die untergegangene Kirche von Magdeborn erinnert ein einzigartiges Denkmal: die schwimmende Kapelle „Vineta" auf dem **Störmthaler See**. Am **Markkleeberger See**, mit 57 Metern der tiefste, ist eine künstliche Wildwasserstrecke angelegt worden, auf der internationale Meisterschaften ausgetragen werden, auf der sich aber auch mutige Amateure beweisen können.
Früher einmal hat man Leipzig angesichts regelmäßig eintretender Überschwemmungen spöttisch „Seestadt" genannt, jetzt existieren in seiner Umgebung mehr als zwanzig Seen mit einer Gesamtwasserfläche von siebzig Quadratkilometern. Auf vier Seen verkehren sieben Fahrgastschiffe.

Erinnerung an das Dorf Magdeborn: Schwimmende Kirche auf Störmthaler See

Tourist-Information Leipziger Neuseenland
Tel. 33 79 67 18
www.leipzigerneuseenland.de

Personenschifffahrt im Leipziger Neuseenland
Tel. 33 79 74 20
www.personenschifffahrt-leipzig.de

Komfortable Bungalows am Ufer des Markkleeberger Sees

Südufer des Störmthaler Sees mit Ferienresort inklusive Bootshafen

Der Cospudener See aus der Vogelperspektive

Nikolaikirche

Obwohl sie die ältere Kirche ist, stand sie doch immer etwas im Schatten der durch Bach und die Thomaner berühmt gewordenen Thomaskirche. Seit 1989 hat sich das geändert. Als Kirche der Montagsfriedensgebete, als Symbol des Protestes gegen die politische, ökonomische und ökologische Zerrüttung der DDR ist sie weltweit bekannt geworden. Hier begannen nach den Gottesdiensten die Demonstrationen auf dem „Leipziger Ring", wie man die um das Zentrum führende Ringstraße schnell nannte. Der kritische Punkt der Demonstration war dann erreicht, wenn die Tausenden, die aus vielen Städten zusammengekommen waren, an dem Haus, genannt „Runde Ecke", vorbeizogen, wo hinter abgedunkelten und geschlossenen Fenstern die Geheimdienstler der Staatssicherheit auf den Einsatzbefehl warteten.
Als Symbol für die Proteste ist am zehnten Jahrestag die Säule auf dem Nikolaikirchhof errichtet worden, die denen in der Kirche nachgebildet ist. Sinnfällige Zeichen der Erinnerung sind auch die beleuchteten Pflastersteine, die die Schritte der mutigen Menschen nachzeichnen, und der Brunnen, der das Sprichwort vom Tropfen, der das Fass zum Überlaufen bringt, ins Bild setzt.
Die Nikolaikirche wurde ab 1170 in romanischem Stil errichtet und im 16. Jahrhundert zu einer spätgotischen Hallenkirche umgebaut. Sie wird heute von beiden christlichen Konfessionen für Messen genutzt.
Ganz in der Nähe wurde 1512 die erste weltliche Schule Leipzigs gebaut. Nachdem sie im

Chinesischer Pagodenturm des Riquet-Hauses und barocke Haube der Nikolaikirche

Nikolaikirchhof 3
www.nikolaikirche-leipzig.de

▷ S1, S2, S3, S4, S5, S6 (Markt)

Klassizistisch gestalteter Innenraum der dreischiffigen Nikolaikirche

Die Säule symbolisiert: 1989 trat der Protest aus der Kirche in die Öffentlichkeit

späten 19. Jahrhundert anderen Nutzungen zugeführt wurde, verfiel die **Alte Nikolaischule** mehr und mehr – bis auch sie im Herbst 1989 in den Fokus der Bürgerrechtsbewegung rückte: Das Gebäude diente der Polizei als Hinterhalt, aus dem die aus der Kirche kommenden Protestierer angegriffen wurden. Dank finanzieller Hilfe aus Frankfurt am Main konnte die Kulturstiftung Leipzig das wertvolle Haus retten. Es beherbergt heute ein Gasthaus und das **Antikenmuseum** der Universität Leipzig.

Die sogenannten Predigerhäuser: Dienstwohnungen für die Gemeinde

Die Alte Nikolaischule war 1989 schon dem Verfall preisgegeben

Die Betonarchitektur des Innenhofs stabilisiert die Alte Nikolaischule

Schätze aus der alten Welt im Antikenmuseum in der Nikolaischule

Nikolaistraße

Die Straße war über Jahrhunderte zusammen mit dem Brühl das Zentrum des europäischen Pelzhandels. Hierher kamen Händler aus Sibirien und Alaska, aus Persien und Marokko, aus der Mongolei und vom Balkan. Architektonische Details an den Fassaden der ehemaligen Handelshäuser erinnern noch heute an diese große Zeit, aber seit der Vertreibung der jüdischen Pelzhändler durch die Nationalsozialisten ist das alles nur noch Geschichte. An diese Barbarei erinnert eine Bronzetafel im Fußweg an der Ecke von Nikolaistraße und Brühl.

Eine Besonderheit ist in der Nikolaistraße bis heute erhalten geblieben. Hier sind aus früheren Jahrhunderten einige interessante Hauszeichen zu sehen. Als die Häuser noch einen Namen statt einer Hausnummer hatten – diese gibt es in Leipzig erst seit 1793 –, übersetzten die Zeichen den Hausnamen in ein Bild und dienten somit der besseren Orientierung. So sind ein blaues Pferd, eine goldene Hand, ein schwarzes Hufeisen, aber auch der Graf Zeppelin zu finden. Der alte Hausname „Zum Strohsack" wurde 1997 neu belebt, seit jenem Jahr zweigt die **Strohsack-Passage** von der Nikolaistraße ab. Hier ist die Spielstätte des Kabaretts **Die Funzel**.

Relikt aus der großen Zeit des Pelzhandels

Hauszeichen vom alten Gasthof „Blauer Hecht"

Die Funzel
Nikolaistraße 6
Tel. 9 60 32 32
www.leipziger-funzel.de

▷ S1, S2, S3, S4, S5, S6 (Markt)

Geschichtsträchtige Details am Haus „Zur Goldenen Hand"

*Die Kirche steht als Schutz-
patronin mitten im Nikolaiviertel*

Oper

Sie bilden das Traumpaar der Leipziger Hochkultur, vis-à-vis am → **Augustusplatz**: Gewandhaus und Opernhaus. Letzteres wurde im Jahre 1960 mit Richard Wagners „Die Meistersinger von Nürnberg" eröffnet. Der Vorgängerbau ist 1868 mit Goethes „Iphigenie" eröffnet worden und war noch kein spezialisiertes Opernhaus. Seine Existenz verdankte es ebenfalls bürgerlichem Engagement. 1861 hatte ein Kramermeister sechzigtausend Taler als Grundstock für den Bau gestiftet. Von diesem im Krieg zerstörten Theater ist noch das mit den Musen Klio, Kalliope, Melpomene und Terpsichore geschmückte Giebelfeld erhalten, das in der kleinen Grünfläche an der Westseite der Oper aufgestellt worden ist.
Wenngleich Richard Wagner auf seine Geburtsstadt nicht besonders gut zu sprechen war, so hat sich die Oper erfolgreich um sein Werk bemüht. Zwar kam erst 1853 mit „Tannhäuser" ein Werk von ihm in Leipzig auf die Bühne, doch wurde 1938 Wagners dramatisches Gesamtwerk aufgeführt. Maßstäbe setzte Joachim Herz mit seiner Inszenierung „Der Ring des Nibelungen" in den Jahren von 1973 bis 1976.
Den Versuchen, Wagner mit einem angemessenen Denkmal zu ehren, war bis jetzt kein Erfolg beschieden. 1983 wurde lediglich eine Büste hinter der Oper am Schwanenteich aufgestellt. Seit 2013 liegt am Gordelerring der über hundert Jahre alte Sockel eines nicht vollendeten Wagner-Denkmals, darauf steht eine bemalte Bronzefigur des Komponisten, der einen langen Schatten wirft.

Schwanenteich vor der Oper: Einst umschloss ein Wassergraben die Stadt

Augustusplatz 12
www.oper-leipzig.de

▷ Tram alle Linien (Augustusplatz)

Das Parkettfoyer in der oberen Etage ist eine elegante Wandelhalle

Der Zuschauerraum bietet 1600 Besuchern Platz

Schlichtheit und klassische Strenge prägen das Opernhaus

Panometer

Mal fix hinauf auf den Mont Everest, hinüber ins alte Rom, zum Amazonas oder mitten hinein in die Völkerschlacht. Was sich wie Zauberei anhört, ist es beinahe auch.
Der Kunstingenieur Yadegar Asisi ermöglicht diese außergewöhnlichen Exkursionen, denn er hat eine alte, fast vergessene Kunstform wiederentdeckt: das Panorama. Zur Goethe-Zeit waren diese Bilder von Städten und Landschaften, auf denen ein 360-Grad-Panorama zu erleben war, als Jahrmarktsattraktionen ganz groß in Mode. Obwohl wir heute mit Bildern aller Arten, Formen und Größen geradezu überschüttet werden, kann man sich der suggestiven Wirkung dieses Panoramas nicht entziehen.
Der Innenraum eines riesigen alten Gasometers, 1900 erbaut, 55 Meter Durchmesser und 30 Meter hoch, bildet den Rahmen für ein 106 Meter langes, auf Leinwand gedrucktes Bild, in dessen Mitte der Betrachter steht, um es von den verschiedenen Ebenen eines Podestes aus zu bewundern. Licht- und Toneffekte produzieren zudem eine überraschende Wirklichkeitsnähe.

Das Manometer ist längst außer Dienst gestellt

Südvorstadt
Richard-Lehmann-Straße 114
www.asisi.de

▷ Tram 9 (Arthur-Hoffmann-/Richard-Lehmann-Straße)

Vom Turm im Panometer blickt man in das umlaufende Bild

Die steinerne Hülle des alten Industriebaus birgt Spektakuläres

Einst Gasometer, jetzt vielbesuchte Ausstellungshalle

Rathaus, Altes

Im November 1556 war Leipzigs Altes Rathaus das neue. Ratsbaumeister Hieronymus Lotter, der schon die Moritzbastei gebaut hatte, war beauftragt worden, in möglichst kurzer Zeit das alte Rathaus durch ein neues zu ersetzen. Das sollte zwischen zwei Messen, zwischen Ostern und dem Michaelistag, dem 29. September, geschehen. Dass Lotter es von Februar bis November schaffte, gelang dank präziser Planung. Er konnte alte Hausfundamente verwenden und stellte sicher, dass das richtige Material im richtigen Moment beim richtigen Handwerker war – eine auch heute noch seltene Leistung!
Von hier aus wurde die Stadt bis 1905 regiert, dann wurde das **Neue → Rathaus** in Betrieb genommen. Das alte sollte abgerissen werden, um Platz für ein profitables Messehaus zu schaffen. Mit einer einzigen Stimme Mehrheit im Stadtrat wurde das verhindert. Vielleicht hatten sich ja die Stadtväter daran erinnert, dass die dekorative Umschrift an dem alten Renaissancebau mit dem 127. Psalm mahnt: „Wenn der Herr nicht das Haus baut ..." Über viele Jahrhunderte wurden die wertvollen Sammlungen des **Stadtgeschichtlichen Museums** nur hier aufbewahrt und ausgestellt, seit 2004 verfügt das Museum zusätzlich über das Haus Böttchergäßchen.

Von der Katharinenstraße aus zeigen sich Rathaus und Börse auf einen Blick

Stadtgeschichtliches Museum
Markt 1
www.stadtgeschichtliches-museum-leipzig.de

▷ S1, S2, S3, S4, S5, S6 (Markt)

Einer der schönsten Renaissancebauten nördlich der Alpen

Die große Ratsstube war Fest-, Tanz- und Gerichtssaal

Liebevoll gestaltetes Detail am Rathaus

Rathaus, Neues

Das Neue Rathaus sieht aber auch schon ganz schön alt aus! Dieser überraschte Ausruf ist nicht selten zu hören. Und das ist durchaus erklärlich, denn Architekt Hugo Licht, der den Riesenbau, der 1905 das **Alte → Rathaus** ablöste, ab 1899 realisierte, bediente sich historischer Stilelemente. Bevor jedoch die Bauarbeiten beginnen konnten, musste der Vorgängerbau, die Festung Pleißenburg aus dem 13. Jahrhundert, abgerissen werden. Der gewaltige Turmfuß wurde jedoch weiterverwendet, er trägt den 114 Meter hohen Rathausturm.

Wer am Donnerstag oder Sonntag um elf Uhr die etwa fünfhundert Stufen hinaufsteigt, wird mit einem grandiosen Blick über Leipzig belohnt. An der Fassade gibt es unzählige originelle, teils amüsante Details zu entdecken. Durch einen Übergang ist das Rathaus mit dem Stadthaus verbunden, in beiden Gebäuden hat die Stadtverwaltung ihren Sitz.

Einer der bedeutenden Bürgermeister war Carl Goerdeler, der als Verschwörer gegen das NS-Regime am 2. Februar 1945 hingerichtet wurde. Seit 1999 erinnert an ihn eine unterirdische Glocke vor der Südfassade.

Gegenüber dem Rathaus steht die Trinitatiskirche, die 2015 geweiht wurde

Martin-Luther-Ring 4–6

▷ Tram Linien 2, 8, 9, 14 (Neues Rathaus)

Die Haupttreppe des Rathauses, die mehrere Baustile harmonisch vereint

Historischer Sitzungssaal im Neuen Rathaus

Seit fast 120 Jahren neu: Das Leipziger Rathaus

Reichsgerichtsgebäude

Nachdem sich 17 deutsche Staaten am 18. Januar 1871 unter der neuen Kaiserkrone zum Deutschen Reich vereint hatten, brauchte dieses eine gesamtstaatliche Ordnung. Da das Oberste Gericht seinen Sitz in keinem der großen Staaten – Bayern oder Preußen – haben sollte, einigten sich die Streitparteien auf das machtpolitisch unverdächtige Leipzig. 1895 war das neu errichtete Reichsgericht bezugsfertig. Auf der fast siebzig Meter hohen Zentralkuppel reckt Veritas die Fackel der Wahrheit hoch in den Himmel, damit das Licht des Rechts überall das Dunkel vertreibe. Am Nordgiebel stehen die „Säulenheiligen" der deutschen Rechtsgeschichte, links beginnend: Eike von Repgow, Johann Freiherr zu Schwarzenberg, Johann Jakob Moser, Carl Gottlieb Svarez, Anselm von Feuerbach und Friedrich Carl von Savigny. Die gesamte Fassade zeigt reichen Symbolschmuck, der von Macht und Stärke des Kaiserreiches kündet. Auch nach dessen Untergang im Jahr 1919 behielt das Oberste Deutsche Gericht hier seinen Sitz. 1933 fand der aufsehenerregende Reichstagsbrandprozess hier statt. 1945 wurde das Gericht von den Alliierten aufgelöst. Bevor 2002 das **Bundesverwaltungsgericht** das Reichsgerichtsgebäude bezog, diente der Bau als Quartier für das Museum der bildenden Künste.

Simsonplatz 1

▷ Tram 2, 8, 9, 14 (Neues Rathaus)

Als eindrucksvolles Carré ist das oberste Gericht des Kaiserreiches erbaut

Die Hauptfassade wird dominiert von dem Macht demonstrierenden Portikus

Am 2001 neu gestalteten Pleißmühlgraben stand früher die Nonnenmühle

Im historischen Sitzungssaal fanden bedeutende Prozesse statt

Rosental

Rosen wird man in Leipzigs schönem Stadtwald vergeblich suchen. Vielmehr mag sich der Name Rosental wie folgt erklären lassen: Der Stadtwald lag, vom leicht erhöhten Markt aus betrachtet, draußen im Tal. Aus „draußen" wurde auf gut Sächsisch „raußen" und schließlich „roßen" – daher vermutlich der Name Rosental.
Die Große Wiese im Stadtwald entstand Ende 1707, als August der Starke einen Bauplatz für sein geplantes Lustschloss roden ließ. Der Leipziger Rat fürchtete jedoch die Kosten und konnte das Projekt so lange verzögern, bis statt des Schlosses nur ein hölzerner Aussichtsturm gebaut wurde. In den 1880er-Jahren entstand im sogenannten „wilden" Rosental eine Schutthalde, liebevoll „Scherbelberg" genannt. Darauf steht ein zwanzig Meter hoher Aussichtsturm, vor dem sich das Panorama der Stadt ausbreitet.
Teile des Rosentals wurden ab 1883 für die Erweiterung des → **Zoologischen Gartens** genutzt.

Gohlis

▷ Tram 4 (Stallbaumstraße) oder 12 (Zoo)

Der Turm im Rosental gestattet einen weiten Blick über Leipzig

Abenteuerlich können es die Kleinsten beim Spiel haben

Sportlich geht es zu auf der Großen Wiese

Unter den alten Bäumen lässt es sich trefflich picknicken

Russische Gedächtniskirche

Zu den zahlreichen Erinnerungszeichen an die Völkerschlacht im Oktober 1813 gehört die Sankt-Alexi-Gedächtniskirche. Die russischen Truppen haben in den blutigen Kämpfen den höchsten Blutzoll erbracht: 22 000 Soldaten ließen ihr Leben. Deutsche und russische Handwerker errichteten in nur zehn Monaten die Kirche, die einer der ältesten russischen Kirchen nachgebildet ist. Sie wurde einen Tag vor der Eröffnung des Völkerschlachtdenkmals geweiht.

Zu ihrer wertvollen Ausstattung gehören der 18 Meter hohe Ikonostas und Truppenfahnen aus der Völkerschlacht, beides von Donkosaken gestiftet. In der Krypta sind die sterblichen Reste russischer Offiziere beigesetzt, die auf dem Leipziger Schlachtfeld gefallen sind. Auf der Grünfläche vor der Kirche haben Nachkommen baschkirischer Bogenschützen, die bei Leipzig gekämpft haben, einen Erinnerungsstein niedergelegt. Aber die Kirche war und ist nicht nur ein Denkmal, sie ist das Gotteshaus der russisch-orthodoxen Gemeinde in Leipzig. Nachdem Leipzig 1945 Teil der Sowjetischen Besatzungszone geworden war, wurde an der Kirche eine zusätzliche Tafel angebracht, die an die Opfer der Roten Armee im Zweiten Weltkrieg erinnert.

Die Erlöser-Ikone über dem Kirchenportal segnet den Besucher

Thonberg
Philipp-Rosenthal-Straße 51a
Tel. 8 78 14 53
www.russische-kirche-l.de

▷ Tram 2, 16 (Deutsche Nationalbibliothek)

Die Bilderwand und der bronzene Leuchter stammen aus Russland

Die 55 Meter hohe Turmkirche mit goldener Zwiebel und Patriarchenkreuz

Schillerhaus

Das 1890 eingemeindete Dorf Gohlis liegt westlich vom historischen Leipzig. Diese Lage bewirkte, dass der Westwind hier für deutlich bessere Luft sorgte als in der Stadt mit ihren rauchenden Kaminen, stinkenden Latrinen und Wassergräben. Gohlis war die Sommerfrische der Stadtbewohner, hierher lud man auch liebe Freunde ein. So verbrachte Friedrich Schiller auf Einladung Leipziger Freunde den Sommer 1785 in der dörflichen Idylle. Die spätere Schiller-Euphorie führte dazu, dass begeisterte Leipziger das Bauernhaus ausfindig machten und 1841 die Ehrenpforte errichteten. Um den Wahrheitsgehalt des Textes der gleichzeitig angebrachten Bronzetafel streiten bis heute die Gelehrten: Hat er das durch Beethovens Vertonung berühmt gewordene Gedicht „An die Freude" nun hier oder in Dresden geschrieben?
Um das Schillerhaus, das älteste deutsche Literaturmuseum, nicht dem Verfall preiszugeben, sammelte der Leipziger Schillerverein fleißig Spenden und konnte es 1864 für sich erwerben. Der vor einiger Zeit wieder in den Originalzustand versetzte Bauerngarten hinter dem Haus wird für sommerliche Theateraufführungen genutzt.

In dem alten Bauernhaus erlebte Schiller einen Sommer

Die Gartenseite lässt ahnen, wie es hier 1785 aussah

Gohlis
Menckestraße 42
Tel. 5 66 21 70
Apr.–Okt. Di–So 10–17 Uhr, Nov.–März
Mi–So 11–16 Uhr
www.leipzig-gohlis.de/schillerhaus

▷ Tram 4 (Menckestraße), 12 (Fritz-Seger-Straße)

Die Räume sind wieder in den Zustand versetzt, wie Schiller sie erlebt hat

So hat der Bildhauer Dannecker den Dichter im Jahr 1793 gesehen

Schuhmachergäßchen

Jede Berufsgruppe hatte einmal ihr spezielles Quartier in der Stadt. Obwohl das längst vorbei ist, erinnern daran noch aktuelle Straßennamen wie Fleischergasse, Sporergäßchen oder Schuhmachergäßchen. Letztes ist vor allem aufgrund zweier Bauwerke einen Besuch wert.

Eine ganze Straßenseite wird von dem Passagenbau **Specks Hof** eingenommen. Sein Name führt auf den Besitzer des Vorgängerbaus – Freiherr Speck von Sternburg – zurück. Wie die Straße einst ausgesehen hat, zeigt ein auf Meißner Fliesen gebranntes Wandbild im mittleren Lichthof. 1908 wurde mit ihrem Bau begonnen, sie ist nicht die erste, aber die älteste noch erhaltene Leipziger Passage. Der gesamte Bau wurde ursprünglich als Messehaus genutzt, worauf ein über mehrere Etagen reichendes Wandbild in einem der Lichthöfe Bezug nimmt.

Einen exotischen Akzent setzt das **Riquet-Haus** mit seiner attraktiven Fassadengestaltung. Die Firma Riquet & Co. AG produzierte Schokolade und betrieb erfolgreich Ostasienhandel. Diese Spezialisierung sollte an ihrem Messehaus schon von außen erkennbar sein: Indische Elefanten, japanische Tänzerinnen und eine chinesische Pagode geben dem 1908/09 erbauten Haus ein unverwechselbares Gesicht.

Zentrum

▷ S1, S2, S3, S4, S5, S6 (Markt)

In den 1990er-Jahren neu gestaltete Lichthöfe in Specks Hof

Hier wurde einst mit asiatischem Porzellan gehandelt

Vom Riquet-Haus blickt ein indischer Elefant

Spinnerei

In Europas ehemals größter Baumwollspinnerei ist 1993 der letzte Faden gerissen. Der Weltmarktkonkurrenz war sie im vereinten Deutschland nicht mehr gewachsen. Die Werkhallen, Werkstätten, Lager, Büros und Sozialräume wurden leer geräumt, übrig blieben die alten, von der Zeit geschwärzten Backsteinbauten.

Dass die 1884 gegründete Spinnerei nicht zur Industriebrache wurde, wie es seither viele gibt im Lande, ist dem Engagement von Leipziger Künstlern und mutigen Investoren zu danken: Ateliers und Galerien besiedelten nach und nach die Fabrikstadt und erfüllten die historischen Gemäuer mit neuem Leben. Vertreter der sogenannten Neuen Leipziger Schule und die international agierende Galerie EIGEN + ART erregten die Aufmerksamkeit von Kunstliebhabern aus aller Welt, sodass eine englische Tageszeitung schon bald die Kunstszene der Spinnerei als „The hottest place on Earth" feierte. Doch ist der Ort nicht nur ein Magnet für Experten aus aller Welt – zu den öffentlichen Herbstrundgängen strömen Tausende hierher, um die spannende Frage zu erkunden: Was macht die Kunst?

Plagwitz
Spinnereistraße 7
Tel. 4 98 02 22
www.spinnerei.de

▷ S1, S4 (Bahnhof Leipzig-Plagwitz), Tram 14 (Plagwitz)

Alte Fabrik für neue Kunst

Fabrikhallen sind zu geräumigen Galerien umgestaltet

Die alte Esse ragt auf wie eine monumentale Plastik

Im ehemaligen Verwaltungsgebäude findet man eine Bühne und ein Café

Sportforum

An seinem äußeren Umfang lässt sich noch erkennen, dass das Zentralstadion für hunderttausend Zuschauer einmal das größte in Europa gewesen ist. Sein Bau war eine Verlegenheitslösung. Nach den Bombardements des letzten Krieges gab es Unmengen Trümmer in der Stadt. Die Idee, daraus etwas Sinnvolles, Zukunftsweisendes zu bauen, mobilisierte damals die Bürger: Mit tatkräftiger Unterstützung Hunderter Leipziger wurde aus drei Millionen Kubikmetern Schutt der Stadiondamm aufgeschüttet. 1956 konnte das Stadion festlich eröffnet werden. Für die Spiele der Fußball-WM 2006 in Deutschland wurde das Riesenstadion modernisiert, es bietet jetzt nur noch rund 44 000 Zuschauern Platz und heißt derzeit „Red Bull Arena".
In direkter Nachbarschaft befindet sich die kommunale Multifunktionshalle **Arena**, ein beliebter Veranstaltungsort für Sport- und Musikevents. Das **Sportmuseum** (Neubau in Planung) und das **Goetz-Haus** in Lindenau geben Einblicke in die Leipziger Sportgeschichte, die übrigens reich an Rekorden ist: So wurde zum Beispiel der VfB Leipzig 1902 erster Deutscher Fußballmeister.

Der Werner-Seelenbinder-Turm ist vom alten Sportforum übrig geblieben

Am Sportforum 2
www.arena-leipzig.com

Sportmuseum Leipzig
Am Sportforum 10
www.sportmuseum-leipzig.de

▷ Tram 3, 7, 8, 15 (Sportforum Süd)

Goetz-Haus
Lindenau
Lützner Straße 11
www.goetz-haus.de

▷ Tram 3, 7, 8, 15 (Angerbrücke)

Zur Fußball-Weltmeisterschaft 2006 wurde das Stadion modernisiert

Steinerne Sportler aus dem Jahre 1957

Platz für Fußballspiele und Rockkonzerte

Thomaskirche

Vom Thomaskloster der Augustiner-Chorherren ist nur die gotische Kirche geblieben. Als Ende des 15. Jahrhunderts ein Vorgängerbau ersetzt wurde, erhielt sie ihre für die Epoche typische Bauform. Der Westgiebel, der jahrhundertelang zur Feldseite zeigte, war in jener Zeit ganz schmucklos. Erst 1886 wurde das neugotische Portal angefügt.
Im alten Kloster verbrachte der Minnesänger Heinrich von Mohrungen seine letzten Lebensjahre, ein Denkstein in der Umfassungsmauer des Thomaskirchhofs erinnert daran. Die bekannteren Denkmale sind dem Thomaskantor Johann Sebastian Bach gewidmet. Das alte und weltweit erste **Bach-Denkmal** wurde 1843 auf Initiative von Mendelssohn errichtet. 1908 wurde vor der Kirche das neue Bach-Denkmal enthüllt, das nach dem Auffinden von Bachs Schädel seinem authentischen Aussehen entspricht. Nachdem die Johanniskirche im Krieg zerstört worden war, fand die **Bach-Gruft** 1950 im Chor der Thomaskirche eine neue Heimstatt.
Ein besonderes Highlight sind die Auftritte der Thomaner, die – falls sie nicht gerade irgendwo in der weiten Welt auf Tournee sind – freitags 18 Uhr und sonnabends 15 Uhr Bachs Motetten singen und so die Erinnerung an den großen Komponisten lebendig halten. Auch Mendelssohn wird hier mit einem Denkmal geehrt. Es ist ein Nachguss des 1892 vor dem Gewandhaus errichteten Denkmals, das die Nationalsozialisten 1936 vernichtet haben. Glücklicherweise waren die alten Gussformen

Thomaskirchhof 18
www.thomaskirche.org

▷ Tram 9 oder Bus 89 (Thomaskirche)

Der Südgiebel erhielt sein Aussehen erst Ende des 19. Jahrhunderts

Von der Stadtseite aus betrachtet, offenbart sich die Größe des Daches

Das Gewölbe, seit den 1960er-Jahren wieder in spätgotischem Stil

Blick von der Orgelempore durch das Langhaus zum Chor mit Bach-Gruft

in Lauchhammer erhalten geblieben, sodass 2008 ein neuer Guss erfolgen konnte.
Die großen farbigen Glasfenster in der Südwand der Kirche sind wichtigen Persönlichkeiten des Protestantismus gewidmet. Zudem erinnert eine Bronzetafel daran, dass Martin Luther zu Pfingsten 1519 hier bei Einführung der Reformation gepredigt hat.
Wer Leipzig von oben sehen möchte, sollte die 234 Stufen zum Turm hinaufsteigen, dabei auch das riesige Dach der Kirche von innen ansehen und einen Blick in die bis 1917 genutzte Türmerwohnung werfen.
Am Thomaskirchhof befindet sich außer dem → **Bach-Museum** auch das **Apothekenmuseum**. Es zeigt seine Sammlung in dem Haus, in dem die einst sehr bekannte Homöopathische Centralapotheke tätig war.

Bach-Denkmal mit Rückseite der alten Thomasschule, in der Bach wohnte

Der Thomanerchor hält die Erinnerung an den Komponisten Bach wach

Neuguss des durch die Nationalsozialisten vernichteten Mendelssohn-Denkmals

Das Sächsische Apothekenmuseum am Thomaskirchhof

Universität

Der neue Campus der Universität ist sechshundert Jahre nach deren Gründung im Jahre 1409 dort entstanden, wo sie seit 1543 ihren Hauptsitz hat: am → **Augustusplatz**. Mit ihren vielen Instituten, Laboren, Kliniken, Bibliotheken, Museen und Sammlungen ist sie jedoch über das gesamte Stadtgebiet verbreitet. Mit derzeit rund dreißigtausend Studenten gehört die „Alma mater lipsiensis", wie sie nach einem Zwischenspiel als „Karl-Marx-Universität" seit 1991 wieder heißt, zu den wichtigsten Hochschulen in Deutschland.

Von dem alten Dominikanerkloster, das im Laufe der Zeit für die Belange der Universität umgestaltet worden war, existierte bis 1968 weitgehend unverändert die Kirche St. Pauli. Während die Hörsäle im Krieg schwer beschädigt wurden, blieb sie fast unversehrt. Zur DDR-Zeit sollte jedoch kein Platz für sie sein: Am 30. Mai 1968 ist sie gesprengt worden, um Platz für eine Neubebauung zu machen. Nach jahrelangen heftigen Auseinandersetzungen um die Neugestaltung des innerstädtischen Campus, namentlich den Wiederaufbau der Paulinerkirche, entschied man sich 2004 für einen Entwurf des niederländischen Architekten Erick van Egeraat, der in den Maßen an die ursprüngliche Bebauung erinnert und unübersehbar an die alte Universitätskirche gemahnt.

Leibniz aus Leipzig:
Der „letzte Universalgelehrte"

Rektorat: Ritterstraße 26
www.uni-leipzig.de

▷ Tram alle Linien (Augustusplatz)

Gab der Uni nach sechshundert Jahren ein modernes Gesicht: Neues Augusteum

Vor dem Audimax im Augusteum wachen Heroen der Universitätsgeschichte

Die 2017 geweihte neue Paulinerkirche mit ihrem spätgotischen Altar

Völkerschlachtdenkmal

Gigantisches Mahnmal gegen den Krieg

Über die Leipziger Tieflandsbucht erhebt sich weithin sichtbar das Völkerschlachtdenkmal, das erst am hundertsten Jahrestag der großen Schlacht eingeweiht wurde. Das späte Datum erklärt sich daraus, dass Sachsen als ein Verbündeter Napoleons im Oktober 1813 zu den Verlierern gehörte. Feiern zum Gedenken der Schlacht waren deshalb hier lange Zeit verboten. So wurde auch die Idee, ein Denkmal zu schaffen, außerhalb der sächsischen Landesgrenzen geboren: Als Initiator fungierte der Deutsche Patriotenbund, der ein Mahnmal schaffen wollte gegen den Krieg und zur respektvollen Ehre aller 120 000 Gefallenen. Doch ist dem Denkmal das Militärische immer zu eigen geblieben: In allen Zeiten gab es die Kulisse ab für Paraden und Aufmärsche, und die kaiserliche Regierung nutzte es 1913, kurz vor dem Ersten Weltkrieg, sinnwidrig für die Kriegspropaganda. Dennoch ist es auch für die friedliebenden Besucher heute ein Ort der Einkehr und der Besinnung. Eine angegliederte Ausstellung informiert anhand originaler Sachzeugen über den Verlauf der weltpolitisch bedeutsamen Schlacht.
Ein paar Schritte davon entfernt markiert der **Napoleon-Stein** den damaligen Gefechtsstand des französischen Feldherren an der Quandtschen Tabaksmühle.

Probstheida
Straße des 18. Oktober 100
Apr.–Okt. tgl. 10–18 Uhr,
Nov.–März tgl. 10–16 Uhr
Tel. 2 41 68 70
www.stadtgeschichtliches-museum-leipzig.de

▷ Tram 2, 15 (Völkerschlachtdenkmal)

Originale Sachzeugen aus der Zeit der Völkerschlacht

Die Spiegelung des Monuments im „See der Tränen“

Waldstraßenviertel

Noch 1831 staunte der Leipzig-Besucher Hans Christian Andersen, dass „auf dem berühmten Waldplatz" Korn wuchs. Doch mussten die Felder schon bald darauf einem neuen Wohngebiet weichen, das bis heute zu den attraktivsten in Leipzig gehört. Das Stadtquartier grenzt an den Leipziger Stadtwald → **Rosental**, die **Waldstraße** ist seine zentrale Erschließungsachse. Die meisten Gebäude in diesem Areal, das als Flächenarchitekturdenkmal ausgewiesen ist, wurden im Stil der sogenannten Gründerzeit oder des Historismus errichtet. Die aufwendige Fassendengestaltung mit Erkern, Ornamenten und figürlich-plastischem Schmuck, lange Zeit als „Gründerkitsch" abgetan, genießt wieder Bewunderung. Umso unverständlicher, dass im Mai 2005 die völlig intakte spätklassizistische Kleine Funkenburg gegen den entschiedenen Protest vieler Leipziger aus nichtigem Grund abgerissen wurde. Für die Beliebtheit der Wohnungen in diesem Quartier spricht auch ihre solide Bauweise.
Hier haben prominente Gäste der Stadt gewohnt, woran Gedenktafeln erinnern: Albert Lortzing in der Funkenburgstraße, August Bebel und Gustav Mahler in der Gustav-Adolf-Straße, wo auch die **Deutsche Zentralbücherei für Blinde** ihren Sitz hat. 2009 ist das **Ariowitsch-Haus** in der Hinrichsenstraße als jüdisches Kultur- und Begegnungszentrum eröffnet worden.

Zentrum

▷ Tram 3, 4, 7, 8, 15 (Waldplatz)

Was wie Renaissance aussieht, ist doch nur schönster Historismus

Erker waren auch im 19. Jahrhundert ein beliebtes Gestaltungselement

Eines vieler imposanter architektonischer Details

Das Gründerzeitviertel ist eines der beliebtesten Wohnquartiere

Wasserstraßen

Weiße Elster, Pleiße, Parthe, dazu Seitenarme, kleine Fließgewässer in reicher Zahl und Kanäle strukturieren das Stadtareal. So ist es nicht verwunderlich, dass Leipzig über eine stattliche Anzahl von Brücken verfügt, nämlich über genau 457, davon 277 Straßen- und 180 Eisenbahnbrücken. Zum Vergleich: Die Lagunenstadt Venedig hat nur 400 Brücken. Um die Binnenschifffahrt voranzutreiben, wurde 1856 mit dem Bau eines Kanals begonnen, der von der Elster zur Saale führen sollte. Er blieb jedoch bis jetzt unvollendet. Die neu entstehenden Seen in der Umgebung soll bald eine durchgehende Wasserstraße mit der Stadt verbinden. Für Paddelboote gibt es seit kurzem schon eine zentrale Anlegestelle, **Stadthafen** genannt.
Die Gewässer, die durch die Stadt fließen, sind nicht ohne Reiz. Von hier aus lässt sich das Stadtbild aus ungewohnter Perspektive erschließen. Mit eigener Muskelkraft oder auch geführt von einem Süßwasserkapitän auf einem umweltschonenden Brennstoffzellenboot, kann man von Schleußig aus die Umgebung erkunden. Für ein besonderes Highlight sorgt das italienische Restaurant an der Weißen Elster, das seine Gäste in echten venezianischen Gondeln übers sächsische Wasser gleiten lässt.

Bootsverleih Herold
Schleußig
Antonienstraße 2
bei geeignetem Wetter tgl. 10–18 Uhr
(wenn kein Hochwasser ist)

▷ Tram 1, 2 (Rödelstraße)

Die Fabrikgebäude an der Weißen Elster sind zu Lofts umgebaut

Der romantische Teich wurde in den 1860er-Jahren mit dem Johannapark angelegt

Ein Stück Italien mitten in Leipzig

Das Elsterwehr erinnert an eine mittelalterliche Straßenbrücke

Zoologischer Garten

1878 zur Unterhaltung von Wirtshausgästen erbaut, hat sich der Zoo inzwischen längst zu einer hochspezialisierten Forschungs- und Bildungsstätte entwickelt. Hier können die Besucher nicht nur die exotischen Tiere und Pflanzen bestaunen, sondern auch einiges über deren komplexe Lebensräume erfahren. Löwen-Savanne und Elefanten-Tempel, Aquarium und Terrarium lassen vergessen, dass man sich mitten in Leipzig befindet. Das Leben und Treiben im „Pongoland", der weltweit größten Menschenaffenanlage, ist für jeden ein Erlebnis. Hier forscht das Max-Planck-Institut für evolutionäre Anthropologie, und auch der Besucher kann hier ungestörter als bei jeder Safari seine „Vorfahren" studieren.
2011 begann im Zoologischen Garten eine neue Ära mit der Eröffnung der größten Tropenhalle Europas: „Gondwanaland". Der „Zoo der Zukunft" gestattet einen Rückblick auf den Südkontinent vor 150 Millionen Jahren. Das ist kein Widerspruch, denn hier wird der Blick geschärft für die Verantwortung, die der Mensch der Gegenwart für die Erde der Zukunft trägt.

Von der Kiwara-Lodge aus kann man Giraffen auch mal von oben sehen

In der Tiger-Taiga scheint es gemütlich zuzugehen

Pfaffendorfer Straße 29
Tel. 5 93 35 00
www.zoo-leipzig.de

▷ Tram 12 (Zoo)

Im 1910 erbauten Aquarium wird die Unterwasserwelt lebendig

160 Millionen Jahre Erdgeschichte an einem Tag erleben: Gondwanaland

Register der Sehenswürdigkeiten

Personenregister

tian

Die Highlights auf einen Blick

Die Zahlen auf den roten Punkten beziehen sich auf die Seiten im Buch.